mulheres no controle

Nicole Williams

Mulheres no controle

O guia para transformar as regras de relacionamento em sucesso profissional

Tradução

Maria Clara De Biase W. Fernandes

1ª edição

BestSeller

Rio de Janeiro | 2014

CIP-BRASIL. CATALOGAÇÃO NA FONTE
SINDICATO NACIONAL DOS EDITORES DE LIVROS, RJ.

W691m Williams, Nicole
Mulheres no controle / Nicole Williams ; tradução: Maria Clara De Biase W. Fernandes. — 1. ed. — Rio de Janeiro: Best*Seller*, 2014.

il.
Tradução de: Girl on top
Inclui apêndice
ISBN 978-85-7684-480-8

1. Relações homem-mulher. 2. Encontro (Costumes sociais). 3. Companheiro conjugal — Escolha. I. Título.

14-12038 CDD: 646.77
CDU: 392.4

Texto revisado segundo o novo Acordo Ortográfico da Língua Portuguesa.

Título original
GIRL ON TOP

Capa: Gabinete de Artes
Editoração eletrônica: FA Studio

Direitos exclusivos de publicação em língua portuguesa para o Brasil
adquiridos pela
EDITORA BEST SELLER LTDA.
Rua Argentina, 171, parte, São Cristóvão
Rio de Janeiro, RJ — 20921-380
que se reserva a propriedade literária desta tradução.

Impresso no Brasil

ISBN 978-85-7684-480-8

Michael Loeb, agradeço a você
por apostar nesta jóquei.

Sumário

Introdução 9
Capítulo 1: Siga seu coração 13
Capítulo 2: Trate-o mal e o mantenha interessado 23
Capítulo 3: Deixe seu pai fora disso 31
Capítulo 4: Mantenha a boca fechada 39
Capítulo 5: Se você tem, ostente 49
Capítulo 6: Não fale mal do seu ex 57
Capítulo 7: Não espere mudá-lo 64
Capítulo 8: Jogue duro para conseguir 71
Capítulo 9: Coloque um pouco de brilho 80
Capítulo 10: Tenha uma vida 89
Capítulo 11: Não entregue seu leite de graça 97
Capítulo 12: Não canse sua beleza 104
Capítulo 13: Pare com os drinques 112
Capítulo 14: Seja breve 119
Capítulo 15: Mantenha a chama acesa 125
Capítulo 16: Não diga a ele no primeiro encontro que quer ter um filho 132
Capítulo 17: Uma sala independente 140
Capítulo 18: Vigie seu peso 148
Capítulo 19: Faça os outros elogiarem você 155
Capítulo 20: Esteja disposta a ir embora 163
Conclusão 171

Introdução

Vamos voltar no tempo. Para o dia 27 de março de 2004. Sei a data exata, porque estava no casamento de uma das minhas melhores amigas. Sentada no banco da frente da igreja (a única dama de honra dela era a irmã), prestando atenção aos votos (escritos por ela mesma) e segurando a mão do meu marido (incomumente fria e úmida), decidi que estava saindo (não da igreja; do meu casamento).

É claro que no meio disso houve os necessários meses de covardia, sofrimento e coração partido, mas em um certo dia, desgostosa e cansada de minha aflição, uma amiga veio ao meu novo apartamento com uma cesta de guloseimas para afastar minha tristeza A cesta estava cheia até a boca e tinha desde chocolate a objetos pornoeróticos, um monte de livros sobre encontros amorosos. Naquela noite, quando saí da minha cama grande e solitária e escolhi estrategicamente ler *AS 35 regras para conquistar o homem perfeito* em vez de usar vibrador, minha vida mudou.

Página após página, devorei as palavras dirigidas à minha vida amorosa e me surpreendi com uma descoberta: aquilo seria simplesmente genial se fosse aplicado à vida profissional.

O fato é que sou uma administradora de carreira, por isso tendo a ver o mundo através das lentes do trabalho. Graças à minha mãe que, trabalhando para um fabricante de tintas e produtos químicos, viveu em um tipo especial de inferno, cresci desejando realmente passar meus dias fazendo algo de que gostasse. Quando era criança, atormentava as pessoas com perguntas como: "Como você soube que queria ser médico?" "Onde soube disso?" "Quanto você ganha?" Era um time investigativo de apenas uma pessoa que morria de medo de odiar o próprio trabalho (o que significa odiar a própria vida) e acabei canalizando esse medo para a marca de administração de carreira chamada WORKS.

Mas entenda isto: mesmo antes de ler e reler *The Rules*, eu era, e ainda sou, boa em encontros. Todo o conceito de "jogar duro para conseguir" é tão natural para mim quanto respirar. Adorar ou odiar um encontro: sabemos o que é isso. Precisamos disso. Fazemos isso. No meu negócio, estou sempre tentando convencer as mulheres de que ganhar um salário menor do que a média vai destruir suas carreiras, mas agora tenho um contexto em que apresentá-lo — *não entregue seu leite de graça.*

Depois daquela fatídica noite na cama, fiz uma busca nas livrarias e na internet e descobri as 20 principais regras clássicas da conquista e então as transformei em estratégias profissionais. Trate-o mal e o mantenha interessado; não diga a ele no primeiro encontro (ou na primeira entrevista) que quer ter um filho; não espere mudá-lo — não inventei isso, mas juro que descobri o segredo para aplicar essas regras à sua carreira de um modo que mudará sua vida.

Então, a pergunta mais importante e todo o motivo de eu querer tanto que você leia esta introdução é: Quem é ELE? *Ele* é seu chefe, assistente, cliente, vendedor. Qualquer um com quem você faça negócios. Nós temos uma tendência a jogar fora o livro de regras e telefonar, telefonar e telefonar para aquele homem maravilhoso que conhecemos no trabalho e supomos ser "o certo". Você encontrará o trabalho, o chefe e o cliente sem os quais não se imagina vivendo, e é aí que precisará entrar no jogo. Descobrir, formar e manter um relacionamento com um galã não é muito diferente de descobrir, construir e manter um relacionamento com um chefe. Somos humanas e instintivas e queremos o que não podemos ter seja no quarto ou na sala de reuniões.

Aquelas de vocês que se consideram acima dos jogos amorosos ou profissionais, ótimo, divirtam-se na sala de correspondências e deixem este livro de lado. "Já ouvi tudo isso antes". Este livro não pretende ganhar Pulitzer como obra de não ficção — é um modo fácil de mudar seu jeito de pensar o trabalho, em uma linguagem com a qual você já está familiarizada, em um contexto que torna a monótona teoria da carreira um pouco mais divertida.

As regras da conquista se transformadas em estratégias profissionais ... tudo que você precisa para ser a mulher no controle!

Capítulo 1
Siga seu coração

Tenho um caso de amor há sete anos. Há dias em que esse amor quase me leva ao ponto de beber, mas nunca pareço me cansar dele. Ele me inspira a ser maior e melhor do que realmente sou. Partiu meu coração e me senti totalmente desapontada, mas nunca quis abandoná-lo. É ao mesmo tempo exaustivo e estimulante. Sempre me expõe a pessoas e circunstâncias brilhantes, escandalosas e envolventes. E está sempre à minha espera, para o que der e vier.

Meu verdadeiro amor, minha carreira.

Cresci vendo minha mãe odiar o trabalho dela e reconheço que tenho uma tendência obsessiva a adorar o que faço (e, por extensão, ajudar os outros a também chegar lá). E embora em alguns dias eu questione se sou ou não um pouquinho codependente, nunca duvido do poder de seguir o coração.

Encontre o amor de sua vida

A pergunta que as pessoas mais me fazem é:

Como encontrar uma carreira que eu ame?

Vem de mulheres novas no jogo, que seguem há muitos anos a carreira errada ou que estão relativamente satisfeitas, mas se perguntam se poderia haver algo mais.

Algumas pessoas procuram a vida inteira sem nunca encontrar uma carreira que amem, outras um dia se apaixonam por uma e se comprometem com ela para sempre e outras ainda se apaixonam várias vezes. Comecei a acreditar que, como ocorre nos relacionamentos, amar a carreira tem muito a ver com expectativas — em última análise você tem o amor (e a carreira) que acha que merece. A amiga que ainda não encontrou um homem digno de sua afeição é a mesma que entra e sai de empregos com a mesma frequência com que aplica brilho labial. Conheci mulheres que não se contentam com menos do que uma paixão arrebatadora e duradoura por seu trabalho e outras que tem uma abordagem mais utilitária, de 9h às 17h, trabalhando simplesmente porque precisam pagar as contas (e para que sobre um pouco para seus Blahniks) e porque querem chegar ao bar às seis.

Lembro-me quando disse ao meu querido avô que estava deixando um "emprego estável" [uma posição administrativa com renda sólida financiada pelo governo com previdência privada para seguir minha paixão e ele achou que eu estava maluca. Tendo sobrevivido a uma guerra e à Grande Depressão e criado filhos como imigrante trabalhando em dois empregos, para ele todo o conceito de "amar" um trabalho era totalmente absurdo.

Você pode se situar onde quiser no espectro do amor ao trabalho, mas, por favor, saiba que no final (que na maioria dos casos representa algo entre oito e doze horas de jornada) passará 70% de sua vida desperta trabalhando e que isso é simplesmente tempo demais para desperdiçar desejando que as horas passem. Em minha opinião, o absurdo é ficar sentado, desperdiçando seu potencial e sem nunca experimentar ou partilhar o amor. Se você não encontrou o amor de sua vida ou ainda está considerando outras opções, eis alguns lugares onde procurar.

Um casamento arranjado

Sua mãe é médica. O pai de sua mãe é médico. O pai dele era médico. Não é necessariamente ruim considerar uma carreira com uma lista de clientes já estabelecida e um letreiro na porta. Sua paixão pode muito bem ser encontrada nos genes.

Amor à primeira vista

É difícil acreditar, mas algumas pessoas saem do útero sabendo que nasceram para ser fotógrafas, chefs, floristas. Esse "conhecimento" geralmente é uma combinação de observação (isso parece divertido) e instinto (aquela flor ficaria perfeita... ali). Dê uma olhada ao redor. O amor de sua vida pode estar bem diante de seus olhos.

Saia em campo

O melhor modo de aumentar suas chances é sair e explorar suas opções. Conheço muitas mulheres que pensam que (a) a carreira de seus sonhos surgirá magicamente sem nenhum esforço (não surgirá) e (b) sua primeira escolha é a melhor e única opção (não é).

Assim como você não esperaria se casar com seu primeiro namorado, sua carreira a longo prazo não tende a resultar do primeiro encontro. Acompanhando os passos da minha mãe na fábrica de tintas quando eu estava na universidade, em algum ponto entre empilhar monotonamente latas de tinta em um palete e ver as páginas centrais da *Playboy* no refeitório dos funcionários, percebi que você tem de experimentar o relacionamento errado para saber o que está procurando no certo. Às vezes precisamos nos expor a muitas opções erradas antes de escolhermos a certa. Não tema experimentar no campo profissional. Só se lembre de que — de um modo não diferente de ser rotulada como "fácil" no campo dos relacionamentos — sua reputação é tudo quando se trata de construir sua carreira. Sinta-se à vontade para experimentar empregos diferentes até encontrar o certo, mas tenha em mente que precisa ficar neles tempo o suficiente para cumprir o prometido. Ninguém gosta de ser feito de bobo.

Ainda não consegue decidir?

Sou totalmente a favor de que você decida por si mesma, especialmente se estiver explorando novas opções (todos terão uma opinião), mas chega um ponto em que um pouco de perspectiva externa é necessária. Se você não decidiu que seu novo amor é o "certo" ou tem várias opções a considerar, é hora de sair para se divertir. Quando sair, apresente aos seus amigos as várias opções e peça a opinião deles. Não subestime o quanto seus amigos e familiares a conhecem nem o quanto uma perspectiva externa objetiva pode ser útil. Os insights deles podem ser valiosos.

Só tome cuidado com as pessoas do contra. Esta é uma história real. Logo depois de eu ficar noiva, estava andando pela rua com minha única amiga solteira e lhe dei a boa notícia. Ela literalmente caiu de joelhos e começou a chorar. — E quanto a mim? — Nada é mais ameaçador para uma pessoa solitária e que odeia seu trabalho do que a mulher que acabou de obter o que ama.

Nota para si mesma: o desespero causa má impressão

Infelizmente, por mais que você queira encontrar um trabalho que ame, às vezes é preciso relaxar e deixar que ele encontre *você*. Faça tudo que sugeri e depois se abra para as possibilidades. Quanto mais desesperada você ficar para encontrar "o certo", mais tenderá a repeli-lo. O desespero tem um modo desagradável não só de torná-la cega ao que está bem na sua frente como também de afastar aquilo que mais deseja.

Fases do amor

Como acontece com qualquer tipo de caso amoroso, seu desenvolvimento profissional ocorre em três fases distintas, cada qual oferecendo oportunidades e desafios diferentes.

Fase um: cortejar

Todo o objetivo de cortejar é explorar suas opções, sentir se há interesse e decidir se você quer levar isso adiante. Essa é a única etapa no processo de exploração da carreira pela qual as mulheres passam rápido demais. Encontrar uma carreira que você ama tem tudo a ver com apresentar uma base sólida e, francamente, isso pode levar tempo. Desesperadas para não ficarem sós (desempregadas), muitas mulheres se apressam a assumir um compromisso (ignorando todos os sinais de aviso) com a empresa errada e, um ano depois, estão novamente sem emprego.

Oportunidades: você não está comprometida, por isso esta fase tem tudo a ver com sair a campo e explorar cuidadosamente. É a fase perfeita para se aprofundar em sua pesquisa. Você tem mais poder de escolha do que imagina. Tenha em mente que a maioria das pessoas estão mais do que dispostas a falar sobre si mesmas (e adorariam fazê-lo), por isso comece a conversar com elas — nunca se sabe aonde isso levará.

Desafios: todos parecem ótimos, então por que escolher apenas um? Não fique paralisada pelo medo de escolher mal. Como já mencionei, o caminho profissional errado frequentemente leva ao certo. Em algum ponto você precisa estabelecê-lo e fazer uma escolha. Lembre-se: nada precisa durar para sempre.

Fase dois: namorar

Nesse ponto uma proposta foi feita e assim como você não gostaria que seu namorado estivesse procurando outras opções melhores, seu empregador atual espera que você só tenha olhos para ele. Porém, isso não significa que você não possa ficar de olhos abertos para outras opções mais interessantes — você pode olhar (veja o que está disponível na internet, tenha conversas durante o café), mas não se envolva (aceite uma oferta) se não estiver realmente disposta a arriscar um rompimento.

Oportunidades: quando você passa para a fase de exclusividade do relacionamento, é hora de conhecer melhor a si mesma como profissional e ao seu setor ou empregador como parceiro. Mantenha-se diariamente informada sobre o mundo real.

Desafios: há meses você sente que algo não está certo, mas não suporta a ideia de entrar em um novo relacionamento. O maior erro que vejo as mulheres cometerem é ficarem tempo demais no emprego ou na carreira errada não só porque receiam o esforço envolvido em mudar de posição e também graças a um medo infundado de que não exista nada melhor lá fora. Não espere demais para reduzir suas perdas se esse não for "o certo".

Fase três: casamento/compromisso a longo prazo

Você está dentro. Finalmente está com aquele anel em seu dedo (o título, o aumento ou o escritório luxuoso pelo qual esperava) e ele é maior, mais brilhante e vistoso do que imaginava. Mas, apesar de o futuro parecer tranquilo, este é um momento para checagem e ponderação constantes.

Oportunidades: você está oficialmente dentro a longo prazo. Criou bastante lealdade, respeito e compreensão mútua de que é estável o suficiente para correr riscos, ultrapassar seus limites e desenvolver novos talentos. Construiu uma reputação e nessa fase pode relaxar um pouco e deixar os outros fazerem parte do trabalho.

Desafios: há dois grandes possíveis obstáculos nessa fase de seu relacionamento: (1) você tê-lo como certo e (2) ficar desestimulada e o relacionamento perder seu encanto. Você precisa perceber que nem todos os dias são um mar de rosas — nem mesmo na carreira da sua vida — mas isso não necessariamente significa que é hora de cair fora. Traga de volta a paixão com comunicação, correndo riscos e se lembrando do que a fez se apaixonar por esta carreira.

Traga de volta o amor

Isso pode acontecer com o melhor dos relacionamentos. Após seis semanas, seis meses ou seis anos a paixão acaba e pensamos: "Eu me apaixonei por isto?" Acontece comigo pelo menos uma vez por ano, geralmente porque estou exausta devido a mudanças em fusos horários, sem conseguir recusar e pronta para um drinque. Vejo-me questionando meu compromisso e me perguntando: "É assim que realmente quero passar o resto da minha vida?" É quando sei que preciso trazer de volta o amor.

Com as mesmas fórmulas usadas para melhorar sua vida amorosa, você pode reacender o amor pelo seu trabalho e começar a se apaixonar por ele de novo.

Volte ao modo como as coisas eram

É inevitável que a coisa que você inicialmente mais gostava em seu emprego acabe sendo a que mais detesta. Sua almejada autonomia — bem, você a conseguiu... e agora não consegue se motivar. Ou sua adorada responsabilidade... mas agora há tanto a fazer que você não consegue respirar. Nós nos envolvemos tanto com o trabalho diário que esquecemos o motivo de o termos aceitado, e quem ou o que nele é significativo. Admita que você não pode fazer tudo sozinha, peça ajuda quando precisar e delegue as coisas em que não é muito boa, e redescobrirá o que inicialmente a seduziu nesse papel.

Arranjem tempo um para o outro

Quando você está tão ocupada passando de uma tarefa para outra que não tem tempo para apreciar o que faz, a chama tende a se apagar. Roube momentos de tranquilidade com a porta fechada ou fones de ouvido (alugue um espaço se precisar) a fim de realmente se concentrar. Esqueça as multitarefas — faça uma coisa de cada vez e lhe dedique total atenção para poder trabalhar melhor.

Caia na real

Assim como nos pegamos fantasiando sobre o salva-vidas atraente ou o bombeiro forte de uniforme, tendemos a nos perguntar se seríamos mais felizes com um emprego diferente. O que você não daria por um horário mais flexível, benefícios melhores, um escritório com uma política mais inteligente... A realidade é que ninguém gosta de *tudo* em seu trabalho (exceto quem não o faz por tempo o suficiente para a paixão esfriar). Converse com outras pessoas de seu setor em empresas diferentes e provavelmente descobrirá que seu emprego não é tão ruim quanto você pensava. Console-se com a angústia delas (secretamente, é claro) e seja grata pelos aspectos positivos de sua posição. Na verdade, a grama do vizinho *sempre* é mais verde, não importa onde você esteja, mas você pode pelo menos melhorar seu ponto de vantagem. Encontre uma oportunidade de se desafiar, aprender sobre um aspecto diferente do negócio ou abrir mão por um dia do título de "chefe"— e traga a paixão de volta com um recém-descoberto apreço.

Pegue o que é seu

Doar, doar, doar. Quando você está sempre no "modo doar", a exaustão chega rapidamente. Se sua carreira parece uma via de mão única, veja o que está obtendo das horas que lhe dedica. Está aprendendo muito, aperfeiçoando suas habilidades, conseguindo pagar o aluguel e realmente gostando de alguns de seus colegas. Se ainda estiver se sentindo enganada, certifique-se de que seu chefe sabe como você gostaria de ser recompensada pelo seu trabalho árduo. (Você deseja reconhecimento? Ser incluída em mais reuniões? Um bônus?) Diga o que é que você precisa, mas em termos de tudo que está fazendo para merecê-lo (demonstração e exemplos operam milagres). A pior coisa que poderá ouvir é "não", o que toda garota inteligente sabe que significa apenas "não agora".

Ame-se

Minha mae me ensinou muito sobre o que quero e não quero da vida, mas sua lição mais valiosa (depois que deixou aquela droga de emprego) é que você não pode esperar ser amada se não se amar. Estou totalmente consciente de que isso soa como um clichê, mas sua aplicação à carreira é profunda. Você é seu maior ativo profissional! Aguçar seus instintos e confiar neles. Ter padrões e nunca aceitar menos do que merece. Se você não se amar — proteger, promover, investir em si mesma — sua carreira não lhe dará nada em troca.

Capítulo 2

Trate-o mal e o mantenha interessado

Esse não é um conceito especialmente difícil de se entender, mas com um novo amor em vista achamos que o conquistaremos sendo doces e alegres. Isso é, é claro, até termos feito o possível e o impossível, passado horas conectadas na ESPN e proferido aquelas três palavrinhas mágicas, apenas para nos vermos chutadas para escanteio.

A equação é mais ou menos assim. Quando algo (ou alguém) é bom, torna-se fácil. E as coisas fáceis simplesmente não parecem ter tanto valor quanto as difíceis. Se você quer que um homem a deseje, que lute por você e a respeite, há uma estratégia simples para isso: trate-o mal para mantê-lo interessado.

Esse princípio é tão verdadeiro ao se cortejar o sucesso quanto ao se cortejar o amor. Você obtém poder no amor quando tem coragem suficiente para se defender, é confiante a ponto de ter uma opinião e se valoriza o suficiente para dizer não ao que não presta — e o mesmo vale para o escritório.

Sinceramente, acredito que um ponto crítico em nossas carreiras é quando admitimos que nem todos concordarão conosco, ou entenderão as coisas... como nós entendemos. Que ser líder significa fazer escolhas difíceis e até mesmo não populares. Que o aperfeiçoamento vem com a mudança, e a mudança nunca é confortável — especialmente para os preguiçosos que a acusarão de não ser "boa". Que precisaremos dizer não, repreender ou até mesmo demitir por mau desempenho. Em outras palavras: precisamos ser MÁS!

Apreço *versus* respeito

"Má" é uma palavra difícil de digerir e até mesmo de entender. Não me refiro à malícia ou ao tipo de comportamento desagradável e esdrúxulo que só fará as pessoas a puxarem para baixo. De andar pelos corredores da empresa como se você fosse dona do lugar (a menos, é claro, que seja). De ser uma pessoa sem caráter apenas pelo prazer disso. De estimular grosserias ou fofocas, ou tentar irritar os demais. O que estou dizendo é que, apesar de desejarmos instintivamente ser apreciadas, o verdadeiro sucesso exige respeito — e o respeito simplesmente não vem para a garota que diz sim para tudo e se permite ser pisada pelos colegas.

Eis um exemplo. Em um dos meus primeiros empregos, estava muito feliz por trabalhar em uma área que adorava quando uma colega sem caráter entrou em minha sala e me disse diretamente: "Estou farta de você ser o raio de sol por aqui." Tive de escolher entre ser uma garota boa (me desculpar por fazê-la se sentir desconfortável e engolir aquilo) ou má (fazê-la saber que realmente não me importava com o que ela sentia e escoltá-la para fora da sala).

Garota Boa — Apreciada

Garota Má — Respeitada

Na maioria das vezes, a posição de "má" é defensiva, não ofensiva. Não me dei ao trabalho de chutá-la para fora da minha sala, mas diante de uma agressão verbal precisava deixar claro que não sairia perdendo. Eu lhe asseguro que, independentemente do nível que você alcançou em sua carreira, haverá momentos em que será pressionada, e tudo que seu chefe, assistente, cliente ou namorado quer é irritá-la. Você vai reagir ou não fazer nada? Não faça nada e pisarão em você. O que nos leva à pergunta: há uma diferença entre ser má com meu chefe e ser má com meu assistente? Sou a favor de oportunidades iguais.

Embora o apreço e o respeito não excluam um ao outro, são diferentes. O sentimento de ser apreciado é muito subjetivo e geralmente fugaz. É definido como algo que nos dá prazer. Nesta estação, o xadrez está na moda; na próxima, será outra coisa. O respeito, por outro lado, é mais objetivo. É quantificável e pode ser medido. Baseia-se menos na opinião e mais no desempenho. E é no desempenho que você precisa focar.

Eis o perigo. A garota boa e focada em ser apreciada está em uma eterna luta perdida. As massas não só são volúveis como em geral também são preguiçosas e ameaçadas pela disposição da garota má de se posicionar e exigir atenção e resultados. A garota má é focada em se cercar de pessoas que a inspirem e desafiem, não em criar um fã clube.

Vamos colocar isso assim: Anna Wintour não vai ganhar nenhum prêmio de chefe do ano, mas não sei se está perdendo o sono por causa disso em sua casa no West Village. E agora chegamos à outra parte da equação: Anna é cercada por todos os lados de pessoas pedindo para trabalhar com ela. Por quê?

Porque a garota má é sempre muito requisitada.

Mantenha-o interessado

Você precisará confiar em mim, mas quero que faça uma pequena experiência para provar algo para si mesma. Sabe a pessoa que não admira você e suas ideias como os outros costumam fazer? Sabe o quanto tenta fazê-la gostar de você? Quero que mude isso. Faça o papel da garota má. Isso funciona como um campo magnético inverso. Como diz tão brilhantemente Sherry Argov em *Por que os homens amam as mulheres poderosas?*: "A pessoa menos dependente do relacionamento atrairá automaticamente a outra pessoa para ele." Quanto mais você for má, melhor ele se tornará.

A garota má atrai atenção, exige respeito e mantém o interesse de todos ao seu redor.

Isso não é uma questão pessoal... é profissional

Qual é o primeiro sinal de que estamos preocupadas demais em ser garotas boas? Levamos tudo para o lado pessoal. Isso é complicado, porque sua carreira tem tudo a ver com você — sua paixão, sua responsabilidade, seu investimento —, mas sem dúvida há um ponto crítico em que você precisa se superar para pedir o que quer, correr um risco e saber que isso não é uma luta por popularidade. As garotas más entendem que não é uma questão pessoal, é profissional.

Garotas más não temem ouvir "não"

Isso não é um estudo científico, mas faço repetidamente o mesmo experimento em minha empresa e em seminários para ambos os sexos, com os mesmos resultados. Eis o cenário:

a. Homem pede um aumento. Eu digo não. Ele acha que sou uma idiota.
b. Mulher pede um aumento. Eu digo não. Ela acha que ela é uma idiota.

O principal motivo de não conseguirmos o que queremos em nossas carreiras é que não o pedimos. E por que não pedimos o que queremos? Deixamos o "não" parecer muito pessoal. Mas você não pode evitar o não — ele é parte do panorama do sucesso. Então o supere. E depois dedique sua energia ou raiva a descobrir para o quê eles *dirão* sim.

Garotas más protegem seus egos

Os homens são especialistas em proteger seus egos para enfrentar o risco de rejeição: "O problema é dela. Isso é um jogo de resultados. Elas não sabem o que estão perdendo." Se você se permitir sentir pessoalmente vulnerável sempre que se expuser, não correrá os riscos necessários para ser bem-sucedida.

Eis um truque banal que tem me ajudado a manter um pouco de distância entre minha persona pessoal e profissional. Cresci sendo chamada de Nikki. Meu pai, com visões de sua filha se tornando uma stripper, convenceu minha mãe de que o mais profissional "Nicole" em minha certidão de nascimento seria melhor para mim. Ele estava certo. Sempre serei Nikki para meus amigos e familiares, mas para meus objetivos profissionais incorporo Nicole. Não sou a única a fazer isso. Beyoncé Knowles tem um alterego que chama de Sasha Fierce. Ela incorpora essa persona ao entrar no palco e em algum plano isso não só lhe dá poder como também a protege. Arranje um apelido para você.

Garotas más não se esforçam para ser apreciadas, elas esperam isso

Você tem de amar os garotos. Recentemente tive uma conversa sobre respeito com um colega e ele disse, sem hesitar: "O respeito tem de ser conquistado, mas espero ser apreciado." Adoro esse sentimento. Se você *esperar*, em vez de *desejar*, estará à frente no jogo. As pessoas que desejam desesperadamente ser apreciadas quase nunca o são. É o desejo de sê-lo que lhe mantém encomendando bolos de aniversário e concentrada nas fofocas em vez de no que realmente conta: sua carreira. Se esperar que as pessoas a apreciem, elas apreciarão.

Garotas más são boas para elas mesmas

Há uma pergunta que me é feita com frequência suficiente para que eu a responda aqui. Sim, acho que as mulheres podem ser desagradáveis umas com as outras, e isso é um problema firmemente plantado na área pessoal. Quando levamos as coisas para o lado pessoal, invejamos o sucesso de outra mulher em vez de admirá-lo, encaramos a crítica como uma afronta e fazemos comparações com um toque de ressentimento. Como chefe, eu lhe asseguro que a crítica é um cumprimento. Não conheço muitas pessoas que gostem de dizer aos outros que eles são péssimos. Então, quando você for apontada, não chore, grite, guarde rancor ou fique na defensiva — pergunte a si mesma se a pessoa está certa e lhe agradeça. Se ela se deu ao trabalho de criticar, pense que talvez esteja lhe dizendo essas coisas porque quer ajudá-la a se tornar melhor. Na verdade, cultivar seu talento vale o tempo e esforço dela.

Garotas más usam a inveja em benefício próprio

As garotas más não só entendem que o mundo profissional não é um lugar para enfrentarmos nossas inseguranças puxando para baixo umas às outras como também acreditam o suficiente em sua própria capacidade de se defender sozinhas. Aceitam bem a concorrência porque isso as força a aumentar suas apostas e superar o desempenho da novata que espera ocupar seu lugar. Embora ninguém goste de sentir inveja, isso acontece. O segredo é você usar esse sentimento para se forçar a fazer as coisas difíceis que estava adiando. Depois de sentir pena de si mesma, descubra como conseguir tudo que deseja. Se ela pode, você também pode.

Conversas difíceis

Embora eu conheça muitas mulheres que não hesitam em arrumar uma briga com seus parceiros, a maioria tenta evitar conversas difíceis no escritório. Embora a conversa "ruim" possa parecer uma arte, na verdade é uma ciência. Há cinco coisas que você precisa saber sobre conversas difíceis.

Inteire-se dos fatos

Antes de fazer o papel de idiota, realize algumas pesquisas discretas. O que *exatamente* ela disse sobre você nas suas costas? Ela levou *todo* o crédito? Você *realmente* ganha 30% a menos do que seus colegas? Descubra a verdade antes de conversar e ficar com cara de boba por desconhecer os fatos.

Pegue-os desprevenidos

A lógica sugeriria que você marcasse uma hora para "a conversa", mas na maioria dos casos o tête-à-tête é melhor quando inesperado. Encontre-os no corredor, saindo do prédio no final do dia ou passe na sala deles sem avisar. Você pegará seu ofensor desprevenido e obterá uma resposta mais autêntica. Isso mantém o poder em seu campo.

Faça a pergunta

Novamente, com o objetivo de manter o equilíbrio do poder, em vez de lançar um "ouvi dizer que você", faça a pergunta: você... me xingou, roubou minha ideia, sabotou meu PowerPoint, leu meu Blackberry? Uma pergunta não só coloca as pessoas na defensiva como frequentemente as faz apresentar mais evidências incriminadoras. Com toda a sinceridade, muitas discussões perdem a força nesse ponto. Vários confrontos assumem proporções enormes com base em acusações falsas e informações erradas.

Perguntas e respostas

Eu falei com ele uma vez. Mil vezes. Há um cara na minha equipe que simplesmente não me ouve e continua a enviar trabalho abaixo do padrão. Como lidar com ele?

Às vezes a "maldade" é demonstrada melhor com ações do que com palavras. Simplesmente dê o trabalho para outra pessoa. Insistir em que ele melhore o levará a acreditar que é indispensável e o único capaz de corrigi-lo... ou não. No momento em que você tirar o trabalho das mãos dele, o cara se sentirá ameaçado e tentará melhorar muito rapidamente. Caso isso não ocorra, terá alguém pronto para ocupar o lugar dele. Você pode experimentar isso em casa.

Contenha as lágrimas

Se você estiver lidando com uma questão particularmente emocional, converse, chore ou grite com amigos que não tenham nenhuma ligação com seu trabalho. Você deve ter seus pensamentos, suas opiniões e principalmente suas emoções sob controle. Já vi pessoas perderem credibilidade e poder devido a uma choradeira.

Siga o programa

Essa é uma conversa difícil — firme, sólida e baseada em fatos. Como eu já disse, comece com a pergunta e, se suas descobertas forem confirmadas, saiba o que deseja especificamente da conversa. Quer que ele peça desculpas em público, procure seu chefe e admita que a ideia era sua ou marque uma reunião para você saber o que precisa fazer para obter uma promoção? Esta é uma conversa da qual você quer sair tendo uma meta clara, assim ele saberá que você está falando sério... e por Deus, não precisar tê-la de novo.

Truque do negócio: faça-os esperar

Se alguém ler este livro primeiro e usar minhas regras de confrontação, eis o antídoto secreto...

O maior erro que as pessoas cometem ao ser confrontadas é reagir imediatamente. Você tem todo o direito de — e, francamente, deveria — segurar sua língua. Sinta-se à vontade para usar a estratégia de perguntar. "Onde você obteve essa informação?" é sempre útil. Depois de encorajar a outra pessoa a expor o ponto de vista dela, peça alguns momentos, horas ou dias (dependendo da magnitude da situação e do que você puder conseguir) para pensar sobre isso e voltar a procurá-la.

Capítulo 3

Deixe seu pai fora disso

Ouvi isso com meus próprios ouvidos. Grande reunião. Grande sala de reuniões. Grandes executivos. Quando pedem a uma jovem mulher para dar sua opinião, ela começa com: "*Bem, meu pai acha...*" É aí que eu e todos na sala nos desinteressamos. Saiba que ninguém se importa com o que seus pais pensam, e eis uma dica para você: se seu pai lhe der uma ótima ideia, diga que a ideia foi sua.

Com toda a honestidade, eu achava que teria dificuldade em encontrar inspiração e examinar a fundo essa regra (que, na verdade, é um chamado para o crescimento), mas após trabalhar em um projeto durante a última semana com uma pessoa de 21 anos excessivamente diligente, comecei a achar este capítulo mais importante do que nunca. Tanto para ajudar jovens a demonstrar um pouco de maturidade quanto para dar a nós, mulheres mais velhas (ligeiramente), uma pequena lição de como trabalhar com eles sem desejar cortar nossos pulsos (e os deles).

Mentiras que nossos pais nos dizem

Essa sou eu, quebrando minha própria regra: meu pai pode ser um pouco severo. Enquanto a maioria dos pais fornecia aos seus filhos uma dose saudável de amor incondicional, o meu me fazia conquistá-lo. E embora sua abordagem rígida do amor possa não ter sido boa para meu ego, hoje vejo que foi ótima para minha carreira. Conheço muita gente jovem que ainda acredita nas mentiras (bem intencionadas) que seus pais lhes dizem, e garanto que acreditar que você é o centro do universo a deixará fora do mercado de trabalho mais do que qualquer outra coisa. Relaciono a seguir as mentiras clássicas que nossos pais nos dizem — espelhando-me no meu — e revelo a verdade.

Você pode fazer tudo

Não se iluda. Se você pudesse, estaria pintando a *Mona Lisa* e namorando o Johnny Depp. Algumas coisas — como cantar — exigem um talento que só Deus pode lhe dar. Você viu aquelas fitas de audição de adolescentes desafinados para o *American Idol.* Claramente, os pais deles acharam que a humilhação pública era melhor do que a verdade.

Você é especial

Não... não é. Há umas dez mil pessoas em um raio de vinte quilômetros que podem fazer tudo que você faz e metade delas trabalharia por menos do que você atualmente ganha (e, dessas, metade estaria disposta a abrir mão de algum benefício de seu plano de aposentadoria). Se sua empresa terceirizar, multiplique esse número por cem. Nunca se considere insubstituível — lembre-se disso depois de tomar alguns martinis e ficar com vontade de dizer à sua chefe que ela não é nada sem você.

Apenas seja você mesma

Está brincando?! Você realmente quer que todos no escritório saibam que você é exageradamente sensível, insegura, um caso de personalidade borderline não tão inteligente quanto fingia ser? Em vez disso, demonstre ser esforçada. Descubra quem é a pessoa no escritório que todos respeitam (apenas um nível acima de você — não pense que pode começar agindo como a CEO) e a imite. Talvez alguém pense que você é a nova seja-lá-qual-for-o-nome.

Se você se divertiu, venceu

Sim, se você se divertiu e ainda tem seu emprego (ou pelo menos não acabou no departamento de RH implorando perdão), venceu. Mas para realmente vencer você *não* deve se divertir. De fato, provavelmente deve sofrer. É claro que o sofrimento tem seus elementos divertidos (o trabalho duro é divertido de um modo perverso). Mas há um motivo para lhe pagarem para fazer seu trabalho — porque ninguém o fará de graça. Porque é difícil. Porque pode ser tedioso. E você não ganha pontos apenas por aparecer. No mundo real, não há troféus de participação.

Você fez um bom trabalho

Você fez um trabalho razoável, abaixo do padrão. Se teve sorte, fez metade do que seu chefe poderia fazer em um quarto do tempo com uma terrível enxaqueca. Seu máximo esforço só foi suficiente para evitar que lhe mostrasse o caminho da porta, por isso não se superestime.

Compartilhar é se importar

Guarde tudo para si mesma.

Um pouco de chocolate quente torna tudo melhor

Bem, essa aí é verdade.

Por que é bom ser... e contratar... jovens

Sou uma tigresa de boa-fé (adoro namorar o cara mais novo), por isso entro nesta discussão dos méritos da juventude com experiência e confiança. Peguei o que ouvi da boca de pessoas inexperientes e o dividi em (a) *por que é bom ser jovem*, para quem está lendo isto e tem menos de 21 anos (ou age como se tivesse) e (b) *por que é bom contratar jovens*, para o resto de nós que somos obrigados a trabalhar com eles.

“Eu posso fazer tudo.”

Por que é bom ser jovem: a melhor coisa na juventude é que a vida ainda não lhe deu um chute no traseiro. Você não teve seu coração partido pelo chefe que roubou sua ideia ou se desapontou com o fato de ainda trabalhar em um cubículo três anos depois. Ainda acredita que pode ser tudo e a única função de todo mundo é fazer você chegar lá. Lembre-se de que esse tempo... é passageiro.

Por que é bom contratar jovens: embora esse eterno e otimista “eu posso fazer tudo” possa parecer banal para o empregador e, francamente, exaustivo, o segredo é canalizá-lo para o temido banco de tarefas. Nessa fase, por exemplo, sua jovem protegida acha que o negócio de viagens é algo do outro mundo. Parece glamouroso e ela precisa contar a seus amigos que viajará para — veja só — Portland. Não se sinta culpada de lhe destinar o que parece ser o trabalho sujo — ela está se divertindo muito.

“Eu experimentarei tudo.”

Por que é bom ser jovem: como ocorre na ginástica, quando voltei ao mundo dos encontros havia um nível totalmente novo de habilidade acrobática que em algum ponto se tornara a norma. Você não só sabe o que é vanguarda como tem a capacidade de mudar velhos modos de fazer as coisas de uma maneira estimulante.

Por que é bom contratar jovens: você teria passado 15 minutos no telefone subornando a recepcionista para que lhe desse o e-mail de um CEO. Sua nova contratada o procura e encontra no Facebook em segundos. Os jovens têm novas palavras, ferramentas de redes de comunicação e saídas que pessoas da sua faixa etária ainda não descobriram. Use isso a seu favor e os coloque em um projeto em que esteja frustantemente empacada. Eles podem surpreendê-la com uma nova ideia, perspectiva ou posição.

"Mas por quê?"

Por que é bom ser jovem: a curiosidade e o reconhecimento de que você não sabe tudo são coisas louváveis, mas às vezes basta dizer a eles que estão fotocopiando aquela pilha de papéis porque você mandou.

Porque é bom contratar jovens: aprendi o truque para isso. Quanto mais você revela o quadro geral — explica o impacto que a contribuição dela terá em todo o projeto, na empresa e no universo — mais ela ficará motivada. Revelar os detalhes é um investimento, mas eu lhe asseguro que não só ela melhorará seu desempenho como também se sentirá apreciada — o que no final das contas é muito compensador.

"Recrute-me."

Por que é bom ser jovem: quando você tem 21 anos, é difícil acreditar que esse nível de energia e resistência não durará para sempre. Provavelmente você só é responsável por *você* mesma e isso significa que deveria se prontificar a realizar tarefas nos fins de semana e participar de eventos fora do horário de trabalho. Trabalhe duro agora antes de estar cansada e ocupada demais para querer fazer parte do cenário noturno.

Por que é bom contratar jovens: os jovens têm uma energia inesgotável e tentam fazer tudo que podem para agradar você. Tire vantagem disso.

"Ei, deixe-me dirigir."

Por que é bom ser jovem: você nasceu com um mouse na mão e sua única grande vantagem é dominar toda essa tecnologia.

Por que é bom contratar jovens: deixe-os mostrarem o caminho. Essa é uma área do seu negócio em que você precisa entregar as rédeas, independentemente do quão irritantemente certos eles estejam e da rapidez com que as coisas mudem. Eles a levarão à vitória digital.

Não seja infantil

Eis uma história terrivelmente verdadeira: estou na Penn Station, na cidade de Nova York, com uma das jovens da minha equipe, quando o fiscal de nosso trem para Boston lhe pergunta se ela está com o bilhete da sua mãe (eu). Isso seria possível se eu a tivesse concebido aos seis anos. Posso seguir duas linhas de raciocínio: pareço muito velha ou ela parece muito nova? Como o livro é meu, vou pôr a culpa nela (e talvez nele, considerando seu nariz vermelho como o da rena Rudolph e o fato de que cheirava a álcool — provavelmente um bêbado incapaz de enxergar direito). Ainda falarei durante um capítulo inteiro sobre aparência, mas digamos apenas que, se você quiser ser levada a sério, minissaias, camisetas que deixam a barriga de fora e tênis de cano alto são peças proibidas em seu guarda-roupa profissional. E se você tiver mais de 21 anos, sugiro firmemente que também retire esses itens de seu arsenal para o dia a dia nas ruas.

O que me leva ao próximo ponto: não é só seu modo de se vestir que a faz parecer jovem, é o que sai da sua boca. O mesmo pode ser dito em relação a como você se comunica por e-mail. Deixe os LOLs, BRBs e TTYLs para bate-papos casuais com amigos — não colegas de trabalho. Lembre-se de que está cultivando uma persona, uma imagem, e a menos que queira que ela grite "membro do grêmio na chopada", você precisa perder a aparência e a atitude estudantis.

Eis alguns sinais claros de que precisa deixar de ser infantil.

Daquela vez na viagem com os amigos

Entendemos que seu último grande estágio de vida e referencial é a universidade mas, sinceramente, isso faz com que nos sintamos velhas. Reduza ao mínimo as conversas sobre farras e noitadas.

Só há espaço para um de nós

Pensei um pouco sobre isso e concluí que, pelo menos aqui, no escritório, como sua chefe... preciso ser a mais importante. Seu pai telefonar para me dizer que não concordou com o resultado de sua avaliação semestral ou o fato de que sua mãe gostaria de me conhecer antes de você aceitar o emprego só me dizem que você não está pronta para ter um novo chefe em sua vida — e só há espaço para um de nós.

Bajulação

Apreciamos o voto de confiança, mas sabemos que nem sempre estamos certas, com uma ótima aparência, emagrecemos alguns quilos ou somos a pessoa mais inteligente que você conhece. Pare de puxar nosso saco.

Garotas adultas não choram

Nada faz você parecer mais delicada, vulnerável e frágil do que chorar como uma garota. Se usar o recurso das lágrimas muitas vezes, não lhe pediremos para fazer a coisa difícil (desenvolver a carreira) ou ter a conversa difícil (sobre desenvolver a carreira). Você é quem sairá perdendo.

Noite de talentos

Fico mortificada quando me lembro de que fiz isso... repetidamente. Eu convidava as pessoas a irem ao meu escritório para uma sessão de leitura. Adorava escrever e esse prazer era intensificado quando lia para os outros o que havia escrito. Como estava olhando para a página, não via minha audiência cochilando. Exiba seus dons, mas isso não é uma noite de talentos na sala de estar de seus pais.

Como usar conexões familiares

Vamos voltar ao exemplo de abertura. Quando seu pai é Jack Welch talvez as pessoas não desanimem. Se você tem pais com conexões, não tema usá-las, mas eis algumas regras envolvidas:

1. Não seja arrogante

Isso é como dormir com o chefe e esperar ser promovida com facilidade. Você precisa não só ter um ótimo desempenho para provar que não está obtendo tratamento preferencial como, se quiser minimizar ressentimentos, não deve mostrar seu trunfo (embora todos nós saibamos que pode).

2. Crie uma reputação para si mesma

Por falar em "trunfo", Ivanka seria a vice-presidente de desenvolvimento e aquisições da Trump Organization sem seu sobrenome? Com base nas entrevistas que li... talvez. Seu nome só levará você até um determinado ponto. Se realmente quiser obter respeito, esteja pronta para provar que é dona do seu nariz.

Truque do negócio: legado familiar

Você não só não carrega o sobrenome Hearst como foi criada pela Mamãezinha Querida. Algumas das pessoas mais bem-sucedidas do mundo vieram do nada e, pior ainda, de famílias totalmente disfuncionais. Assim como sua droga de pai (mãe, irmão, tio) tem um impacto em todos os seus relacionamentos atuais, eles também afetarão sua carreira. E assim como você pode escolher usar o poder da experiência para o bem (se motivar) ou o mal (sentir pena de si mesma) dentro de casa, precisa tomar a mesma decisão na sala de reuniões.

3. Confie em seus instintos

Ser amada pelo seu nome e pelo que ele tem a oferecer é ter uma vida muito triste e solitária. Você precisa ficar especialmente atenta para evitar os aproveitadores.

Capítulo 4

Mantenha a boca fechada

Assim como você quer evitar se expor em um primeiro, décimo e décimo quinto encontro, realmente há algumas coisas a seu respeito que ninguém, muito menos seu chefe, precisa saber.

Informações demais se espalham rapidamente no mundo profissional, e uma de suas melhores estratégicas para se proteger é manter a boca fechada. Em um mundo de espaço de trabalho aberto e Facebook, a discrição se tornou uma arte que você precisa dominar.

Entendo que longas horas em ambientes de interação intensa são propícias a amizades, mas você precisa se lembrar de que esses são seus colegas de trabalho. Ao contrário do que ocorre com uma amizade escolhida, dia após dia você precisa estar preparada para enfrentar essas pessoas que agora já sabem que sua posição favorita é de quatro. É preciso certa distância para manter não só um nível de eficiência como também um ar de mistério e, em muitos casos, respeito.

Coisas que é melhor não dizer

O problema com o excesso de informações no escritório é que os limites não são claros. Passamos mais tempo com nossos colegas do que com nossos melhores amigos e, contudo, não partilhamos com eles a mesma perspectiva, compreensão e valores — o que torna difícil desdizer informações sobre nós mesmas que lamentamos ter dado assim que saem de nossos lábios, como "saí com um homem casado". Como pode ser difícil determinar o que é ir longe demais no ambiente profissional, selecionei alguns exemplos para esclarecer todo esse excesso de informações. Se você começar a pronunciar as palavras a seguir, morda a língua.

- **"Vou fazer um teste de gravidez na hora do almoço..."**

É um princípio básico evitar qualquer conversa que tenha a ver com suas partes privadas — o sexo tântrico que você teve na noite passada, o aborto que cogita fazer, sua candidíase — nada disso realmente deve ser compartilhado. Há um motivo para essas partes serem chamadas de privadas.

- **"Não conte a ninguém, mas..."**

Lembra-se do jogo do telefone-sem-fio na escola primária? Você pode ter certeza de que seu segredinho não só será compartilhado como ganhará vida própria. Quando sua atração pelo entregador do FedEx se espalhar, você terá feito sexo oral nele, na sala de reuniões.

- **"Você é um filho da mãe..."**

"Nikki deu um chupão no pescoço de Ricky." Eu tinha cinco anos quando Scott Duncan tirou essa do nada. Não entendi o que ele quis dizer, mas isso ficou na minha cabeça. Há algumas coisas que, quando ditas, não podem ser — e jamais serão — esquecidas. Quando você brigar com um colega de trabalho, não o insulte.

- **"Minha mãe é maníaco-depressiva..."**

Você pensa que seus problemas familiares não se refletem em você, mas se refletem. Assim como um homem olha sua mãe para ver o quanto você estará gorda daqui a vinte anos, seus colegas se perguntam se você cortará os pulsos porque perdeu um cliente importante.

- **"Deus me fez fazer isso..."**

Atribua-o a intuição, experiência passada, informação privilegiada. A menos que esteja trabalhando em um convento, as crenças religiosas não devem entrar no escritório.

- **"Eu paguei a universidade sendo stripper..."**

As partes ruins do seu passado devem ser mantidas totalmente em segredo — e fora de sua página no Facebook. Quando estiver fazendo uma apresentação para o staff, realmente quer que a imaginem fazendo pole dance?

- **"Acho que meu namorado está me enganando..."**

Nunca entendi por que as garotas dizem isso em um encontro, para não falar em uma reunião do staff. É como se dissessem: "Ele acha que eu não valho a pena... e você também deveria achar."

- **"Odeio meu emprego..."**

Isso pode ser verdade, mas esse não é o momento ou lugar para dizê-lo.

Truque do negócio: um ser virtual desconhecido

Você talvez ache que não preciso mencionar isso, mas, baseada no fato de que entrei rapidamente na internet e encontrei os seios nus de uma mulher que estávamos pensando em contratar, parece que preciso. Assim como você não pensaria em sair com um homem sem pesquisar sobre ele no Google, seus empregadores, clientes e colegas tentarão saber um pouco mais sobre você e farão o mesmo. Se você tiver uma página no Facebook ou MySpace, configure-a como particular e não coloque nela fotos que não desejaria que um possível empregador — ou sua mãe — visse. MySpace não significa realmente "meu espaço". Se você quiser revelar seu eu interior, relembre os tempos da escola escrevendo um diário e o escondendo debaixo do seu colchão.

Não fale

Por favor, ponha um fim nisso. Estou na segunda hora de um monólogo que demonstra seriamente não só como a conversa de uma mulher pode ser inábil como também o narcisismo dela. Não há nada em meus bocejos contidos, minhas olhadas no meu BlackBerry ou meus olhos brilhantes que indique que estou terrivelmente entediada. Eu teria me desculpado 45 minutos atrás, mas estou fazendo um favor para uma amiga que agora vai ficar me devendo essa. Quando estamos nervosas... falamos. Quando nos sentimos despreparadas... falamos. Quando somos menos qualificadas... falamos.

Lembre-se... não fale.

Todos os gênios dos negócios que conheço têm algo em comum — conseguem escolher cuidadosamente suas palavras e esperar o momento de ouro para selar o acordo. Pensamos para impressionar e o objetivo é dizer algo inesquecível. Mas as conversas, sejam profissionais ou amorosas, têm a ver com qualidade, não quantidade. Para saber o que dizer e quando, você precisa saber o que é relevante. E só terá uma pista se parar de falar.

Mas chega de falar sobre mim

O truque para não falar sem parar sobre si mesma? Fazer uma pergunta. As perguntas são as ferramentas com o maior poder de formar relacionamentos que você pode ter em seu arsenal profissional. Se usadas corretamente, são meios de controlar conversas, criar fluxo de informações e intimidade. Você pode achar que é fácil fazer perguntas, mas na verdade é uma forma de arte.

- **Faça uma pergunta de cada vez.**

Tenho um grande problema com perguntas duplas. Algo como, "Qual é seu filme favorito?" e antes de a pessoa poder responder... "Você viu *Bonequinha de luxo*?" Faça uma única pergunta e não estranhe o silêncio. Dê à outra pessoa a chance de responder.

- **Não seja uma sabe-tudo.**

Embora às vezes você precise empregar essa tática direcional, "você não acha realmente que deveríamos usar aquela fonte" *não* é uma pergunta — é uma afirmação.

- **Isso não é um depoimento.**

Faça perguntas demais e a conversa se transformará em um interrogatório. Há uma lei e uma ordem para fazer perguntas. A lei: devagar se vai ao longe. A ordem: revezar-se.

- **Pense antes de perguntar.**

Voltaire teve um insight brilhante: "Julgue um homem pelas suas perguntas, não pelas suas respostas." "Quantos dias posso faltar por motivo de doença" diz tanto sobre você quanto a resposta diz sobre seu empregador.

- **Pratique a iluminação.**

Considere-se um mestre se seu parceiro de conversa for embora com a sensação de que acabou de ter uma sessão de terapia surpreendente sem precisar pagar por ela. Ajudar os outros a ver uma situação de outro ponto de vista não tem preço. Tenha "Você já pensou..." ou "Onde você imagina..." em sua manga.

- **Faça-os desabafar.**

O modo mais fácil de fazer os outros se sentirem como se a conhecessem? Incentivá-los a desabafar. A intimidade é uma coisa engraçada. Sentimo-nos mais íntimos *não* daqueles sobre os quais sabemos mais, mas daqueles que sabem mais sobre nós.

- **Ouça atentamente.**

O que foi dito: "Não sei se quero me casar." O que você ouviu: "Talvez algum dia... em breve." Não adianta fazer uma pergunta se você realmente não quiser ou puder ouvir a resposta.

O centro da festa

Nada afasta tanto as pessoas como você não deixar uma conversa fluir. Tão importante quanto saber *como* fazer perguntas é saber *quais* perguntas fazer para não ser deixada em um silêncio desconfortável. Tenha sempre em mente esses princípios básicos e se veja passando de "Para onde foram todos?" para "Estar por dentro do assunto" sem ter revelado demais!

A pergunta de abertura: "De onde você é?" "Como se interessou por esse ramo?"

Você está com tempo (o próximo trem parte em uma hora) e cansada (ou bêbada) demais para falar. Essa é a oportunidade perfeita para uma abertura — uma chance de deixar seu parceiro de conversa chegar aonde ele quer, que sempre é exatamente onde você precisa estar. Quando está conhecendo alguém, aonde ele chega é muito revelador. Isso lhe dá não só um ponto de referência como também algumas informações para pesquisar no Google.

A pergunta relevante: "Soube que você estudou na Cornell. Como foi estudar lá?

Você já usou sua tática de bisbilhotar no Facebook para descobrir algumas coisas sobre ele. Agora está pronta para agradá-lo com uma pergunta personalizada e estudada. Mas tome cuidado. Torne-a relevante demais e poderá meter os pés pelas mãos. Certifique-se de que sua fonte é confiável, atualizada e pública o suficiente para ele não achá-la invasiva.

A pergunta esclarecedora: "Não sei ao certo o que você quer dizer quando afirma que... podemos repassar este ponto?"

Todas nós somos ótimas em ouvir seletivamente, mas quando só conseguimos ouvir o que queremos corremos o risco de interpretar mal. Uma pergunta esclarecedora lhe permite entender direito e lhe dá um minuto para se recuperar quando seu cérebro está ficando sem ideias. Também é perfeita quando você acabou de ouvir um especialista falar e deseja um tempo extra com ele.

A pergunta redirecionadora: "Podemos falar sobre isso em outro momento. Mas por enquanto realmente queria falar mais sobre..."

A pergunta redirecionadora funcionou muito bem para mim quando uma importante produtora pediu minha opinião sobre o anúncio de seu programa de TV. Um rápido "O que você acha?" revelou que ela havia odiado e teria *me* odiado se eu concordasse. Esse tipo de pergunta é ótima quando você não sabe bem como responder ou não quer revelar demais. Mas se a usar em excesso correrá o risco de parecer uma idiota.

A pergunta reiteradora: "Então você gostaria de..." "Então você prefere..."

Ao contrário da pergunta esclarecedora em que você busca mais informações, essa é simplesmente uma repetição, como dizer: "Tem certeza de que não quer mudar de opinião sobre isso?" Também lhe permite tirar o seu da reta — se ele quis dizer o que disse, não poderá reclamar quando você o fizer cumprir o prometido.

A pergunta hipotética: "O que você faria em uma situação em que...?"

Essa pessoa tem uma opinião própria? Capacidade de enfatizar? É do tipo "copo cheio pela metade"? A pergunta hipotética lhe dirá tudo que precisa saber sobre ela.

A pergunta criadora de confiança: "Você tem talento para... Onde aprendeu isso?"

O crucial aqui é a afirmação que precede a pergunta. Um pouco de massagem no ego fará o outro se derreter como manteiga e ficar pronto para revelar seus segredos.

A pergunta elaboradora: "Fale-me mais sobre..."

Agora estamos falando sobre informações complementares. Você já tem as básicas e quer se aprofundar um pouco mais. A pergunta elaboradora é um ótimo modo de mantê-lo falando e permite a ele alcançar um novo nível de intimidade.

A pergunta sensível: "Como você se sente sobre..."

É chamada de sensível por um motivo — é emocional, natural e pode ser bastante calorosa. Embora esse tipo de pergunta possa ser o mais eficaz para você obter a informação de que precisa, também tem o maior potencial de irritar. "Como você se sente em relação a crianças?" "Qual é sua opinião sobre a situação em Israel?" Se você chegar a esse ponto, esteja pronta para a resposta. E se certifique de que a outra parte está pronta para a pergunta.

A pergunta mais importante é: "Como posso ajudar?"

O corpo nunca mente

Como aprendi muito bem, quando você está ocupada tagarelando, perde uma oportunidade valiosa de ler nas entrelinhas. Em uma das minhas primeiras reuniões editoriais, conheci um editor que me interrogou de um modo que indicava que todas as apostas estavam encerradas. Ao sair, eu disse para minha agente: "Bem, isso foi um fracasso." E ela respondeu: "De modo algum. Você não viu as pupilas dele?" A verdade é que a linguagem corporal revela muito mais o que uma pessoa pensa do que aquilo que ela diz. Há alguns sintomas subconscientes e fisiológicos de atração — seja no contexto de um bar ou de uma sala de reuniões — que revelam que você está deixando a outra pessoa interessada:

As pupilas dele se dilatam. As pupilas se dilatam por dois motivos — para se ajustar à luz ou porque a pessoa está intrigada. Portanto, se você não puder ver a cor dos olhos e as pupilas dele, e a sala não estiver escura, vá em frente com o que está dizendo.

Ele analisa todo o seu rosto com os olhos. Você já teve uma conversa com um homem e o notou olhando para seus lábios ou suas orelhas? Não é por coincidência que essas são suas zonas erógenas, e ele tentará captar o máximo que puder. Deixe-o arder de desejo.

O tronco dele fica de frente para você. Isso é como quando você pergunta a um homem se ele está pronto para se casar e ele afasta todo o corpo para o lado e diz: "Sim." Você saberá que ele está pensando seriamente em compromisso quando seus olhos *e* seu corpo estiverem centrados em você.

Ele cruza a perna em sua direção. Se ele estiver sentado perto de você em vez de do outro lado da mesa, olhe para o pé dele apontado em uma direção. Os pés, como os ouvidos e lábios, apresentam uma concentração de terminações nervosas — e ele está tentando entrar o máximo possível em seu espaço pessoal.

Ele aproveita qualquer oportunidade de tocá-la. Pergunta se pode pegar seu casaco e encosta em seu braço ao fazer isso. Conduz você para a sala com a mão na parte inferior de suas costas. Você faz uma piada e ele aperta seu ombro e ri. Já usei o toque antes e o tiro saiu pela culatra quando o vice-presidente me seguiu até o banheiro pedindo um pouco mais... use sua própria discrição quando retribuir isso.

Os olhos dele ficam úmidos. Ele pode pôr a culpa em alergias ou dizer que está com vontade de espirrar, mas os olhos brilhantes são o modo de a natureza lhe permitir ver um quadro mais claro de você.

Ele acaricia a gravata ou lapela. Uma representação inconsciente do que gostaria de fazer depois, mas ainda assim um bom sinal.

Ele inclina a cabeça. Isso é o mesmo que minha cadela Missy faz quando implora por minha afeição — inegavelmente um instinto animal. Agora que você sabe que obteve a atenção dele, aprofunde-se no assunto de que estava falando.

Se ele não revelar nada e você ainda estiver confusa sobre como ele se sente, há três outros sinais infalíveis aos quais atentar. Porém, quando estes são dados, a probabilidade de conexão não está a seu favor.

Sinais afirmativos lentos com a cabeça. Costumam significar concordância, mas o segredo está no ritmo. Enquanto um sinal afirmativo lento significa que a pessoa entende, um rápido mostra que ela está ficando impaciente. E se fizer o sinal afirmativo ao mesmo tempo em que diz a palavra "não", cuidado — indicar o oposto do que diz é um sinal de motivos ocultos. Quem imaginaria que um sinal afirmativo com a cabeça poderia ser tão complicado?

Bater os pés. Se o homem não parar de bater com os pés ou um lápis, ou fizer qualquer outro movimento repetitivo, está interessado em outra coisa ou tem lugares mais importantes para ir. Atice a curiosidade dele com assuntos mais interessantes até as mãos dele pararem de tremer ou vá falar com outra pessoa que ache que você vale o tempo dela.

Ausência de contato visual. Se ele olha para a mesa enquanto está falando com você, ou para o amigo dele sempre que responde a uma pergunta, há uma boa chance de que as afirmações de sua companhia estejam permeadas de mentiras brancas. Contudo, se ele esquadrinha a sala como se procurasse todas as placas de saída de emergência, está terrivelmente entediado. Conte alguns detalhes mais interessantes ou se prepare para que ele anuncie "uma emergência familiar".

A última palavra

O silêncio vale ouro. Experimente-o.

Capítulo 5

Se você tem, ostente

Vamos começar pelos aspectos gerais. Dei uma rápida olhada na última estatística e os homens pensam em sexo a cada 52 segundos, ou seja, mais de 1.661 vezes por dia. Com 70% desse tempo acordado passado no escritório, achar que isso não influi em sua carreira não só é absurdo como também ingenuidade.

O sucesso profissional se baseia em alavancagem. Alavancagem é definida como "vantagem posicional". Você tem várias qualidades das quais tirar proveito — talento, humor, disciplina, criatividade e, sim, direi isso: sua sensualidade.

Chega um ponto na vida pessoal de todas nós em que percebemos o quanto somos poderosas como mulheres. Um sorriso tímido e inclinar de cabeça pode ser tudo que é preciso para você conseguir o que quer. Esse poder também se manifesta no escritório e se você tem... ostente.

O que é "isso"?

Na verdade, vamos começar pelo que "isso" não é. Não é usar um decote enorme, agir estupidamente e se parecer com Giselle, e definitivamente não é trocar sexo por uma promoção, o que tem um nome muito diferente.

Estou falando sobre uma energia intangível. Um tipo de confiança que faz você manter a cabeça erguida. Leveza e tranquilidade. Um senso de humor que provém de não se levar a sério demais. Isso é cativante e atrai atenção.

"Isso" é poder.

Segredinho sujo

Já tive essa conversa muitas vezes e agora posso perceber a indignação. Conheço muitas mulheres que se acham acima do uso de seus atributos femininos. Pouco tempo atrás, fiz uma entrevista na televisão com uma mulher dinâmica e, francamente, muito atraente. Durante nossa conversa no ar ela ficou me pressionando e insinuou que eu era pessoalmente responsável por fazer o movimento feminista retroceder cinquenta anos. No final da entrevista, com as câmeras desligadas, precisei perguntar: — Está brincando comigo? Dizendo que nunca usou o fato de ser bonita em benefício de sua carreira?

Ela respondeu rapidamente: — É claro que usei.

A maioria das pessoas se recusam intelectualmente a jogar o jogo, presumindo que ele as degrada e desabona — mas, na verdade, o jogam, mesmo que não o façam de modo consciente ou falem sobre isso. Serei clara. Acredito totalmente nas mulheres. Mas também sou realista. Acho que durante muitos anos presumimos que o segredo do sucesso feminino é as mulheres fingirem que são homens.

A chave para o sucesso na carreira é você usar todas as ferramentas de que dispõe. Você é uma mulher. Tem qualidades especiais e uma delas é sua capacidade de ser charmosa e atrair atenção. Isso não tem a ver com fazer sexo para progredir, mas com reconhecer que há poder no desejo e usá-lo em benefício próprio.

Truque do negócio: nota para si mesma...

Você trabalha com mulheres e acha que este capítulo não se aplica nesse caso? Pense de novo. As mulheres são tão receptivas a "isso" quanto os homens. Lembre-se de que isso não tem a ver com sexo, mas com *desejo*, e, no caso do trabalho, o desejo é o de se parecer um pouco mais com você.

Como conseguir "isso"?

Para o bem ou o mal, "isso" não é uma poção mágica que você pode preparar e tomar. Assim como na conquista, se você assumir uma personalidade e atitude que não são suas, elas parecerão falsas e desconfortáveis para você e para todos ao seu redor. O segredo para conseguir mais "disso" é ficar confortável consigo mesma. Como?

Saiba que tudo está em sua cabeça

Sua qualidade mais poderosa e, francamente, sexy, é seu cérebro. Quem não se sente atraído por pessoas inteligentes, articuladas e capazes de conquistar o próprio espaço? Se você quiser aumentar "isso", leia um livro, participe de conversas intelectualmente estimulantes ou vá a um museu. Outra coisa a considerar é que "isso" é um jogo de estratégia — ser suficientemente esperta para saber a quem e onde dedicar seus esforços. Falaremos um pouco mais a esse respeito na próxima parte mas, acima de tudo, você precisa manter sua cabeça firmemente no lugar.

Sorria

Sinceramente, no espaço profissional a pessoa com quem os outros realmente querem estar é quem sai ganhando. Se você quiser usar "isso" no local de trabalho, precisará abaixar suas defesas e se divertir um pouco. Não estou subestimando a importância do assédio sexual no local de trabalho, mas minha experiência me diz que enfrentamos problemas quando levamos a nós mesmas ou aos outros excessivamente a sério. O mundo profissional deve ser agradável. Fazer graça e flertar são partes importantes da formação dos relacionamentos. Não estou falando sobre o chefe que aperta seu traseiro, mas se alguém disser que você está linda hoje presuma o melhor e sorria.

Vista-se de acordo com seu papel

Se você enfrenta a mesma dúvida, "Qual é a roupa mais prática e confortável que posso usar?" quando olha para seu armário todas as manhãs, não tem "isso". "Isso" é saber que você é uma adulta e tem de se vestir bem não só para passar uma imagem de poder e sucesso como também para se *sentir* autoconfiante.

Uma de minhas citações favoritas é de Diane von Furstenberg. Ela diz: "Desenho para a mulher que adora ser mulher." Você é uma mulher. Adora sê-lo. Se veste como uma mulher. Mas, e esse é um grande "mas", vestir-se como tal não é se vestir como uma prostituta. Escrevi um capítulo inteiro sobre como ter compostura, mas para os objetivos de discutir "isso" (e porque encontro muitas mulheres usando blusas decotadas demais, minissaias e sapatos de salto de 15 cm.) tanto em bares como, o que é ainda pior, em ambientes profissionais, está na hora de apresentar a Regra de Uma Coisa Sexy. Como ocorre com tudo nessa área nebulosa entre estilo pessoal (sexy) e percepção pública (sexy demais), menos é mais. Nunca use mais de uma coisa sexy ao mesmo tempo. Eis suas opções.

Decote: garanto que as pessoas não prestam atenção às suas ideias maravilhosas quando tudo que podem ouvir é: "Olhe para eles, olhe para eles." Como os seios estão muito próximos do rosto, têm uma enorme capacidade de distrair quando à mostra. E, por favor, saiba que os homens não são os únicos a olhar para eles — as mulheres também os veem e, definitivamente, não ficam tão bem impressionadas. Use blusas e suéteres decotados, mas sobrepostos a outras peças — tops, camisetas, regatas. Isso é essencial quando você não quer cruzar a linha entre o provocador e o pornográfico.

Pernas: As pernas realmente são o modo mais seguro e poderoso de sugerir sensualidade sem cruzar essa linha. Ao contrário do que ocorre com nossos traseiros, a maioria das mulheres se sentem bem com suas panturrilhas e são capazes de mostrá-las sem se sentir expostas demais. Note que estou falando de panturrilhas. O comprimento mais adequado é entre 2,5 cm e 5 cm acima do joelho. Se você insistir em seu vestido curto, use meias-calças e esqueça os saltos plataforma.

Pés: falando em sapatos, Carrie Bradshwaw está certa. Calçar sapatos de salto alto bonitos e sensuais é como mergulhar no poder. Não só ajuda a alongar e afinar as pernas como é divertido e um modo fácil de brincar com cor e estilo. Mas saiba que nem todos os calçados produzem o efeito desejado. O som de seus pés descalços batendo na borracha de seu chinelo? Irritante. A visão de você inclinada para frente tentando se equilibrar precariamente sobre saltos com os quais não consegue andar? Ridícula. Calos nos calcanhares e unhas dos pés lascadas? A sensualidade está nos detalhes.

Ande com confiança

A boa notícia para aquelas de nós que não se parecem com Kate Moss é que "isso" não tem a ver com uma aparência de modelo. Pense em Hillary Swank ou Maggie Gyllenhaal. Essas mulheres exalam "isso" andando com equilíbrio e confiança. Muito "disso" tem a ver com sua atitude: sua postura, a firmeza de seu aperto de mão, sua capacidade de olhar as pessoas nos olhos sem fazê-las desviar o olhar. Isso nasce da confiança, mas pode sim ser cultivado.

Saiba o que a estimula

Esse conceito não se aplica apenas às pessoas com quem você trabalha, mas ao setor e à empresa em que está. Quanto mais engajada, estimulada e comprometida você estiver com seu trabalho, mais atraente será para aqueles ao seu redor. Acho que de certo modo todas nós tentamos evitar a sensação de que nossa carreira é um sacrifício, e se você for a pessoa que se concentra em levar paixão e estímulo para o escritório, será a bela do baile.

Como ostentar "isso"?

Como ocorre com todo poder, este tem potencial para ser usado da forma errada: você sabe o que dizem sobre brincar com fogo. Nem por um segundo subestimo o quanto pode ser perigoso ostentar "isso". Com a pessoa errada nas circunstâncias erradas, pode ser suicídio profissional. Minha mais firme recomendação para você nesta parte é: menos é mais.

Alavancar "isso" em benefício de sua carreira é um jogo sutil. O que é apropriado em algumas circunstâncias e com algumas pessoas é fora de cogitação em/com outras. Você precisa ficar de olhos e ouvidos atentos e se tornar sensível a reação, conforto e limites. Na verdade, as regras para ostentar isso são reminiscentes do que você deve e não deve fazer no flerte.

Deixe sua marca

Ninguém deve ficar imune ao seu charme, mas assim como você não flertaria com uma pessoa com quem não tem a mínima chance, mantenha seus esforços dentro de certos limites. Flertar com o chefe do seu chefe e aqueles diretamente ligados a você é infinitamente mais perigoso.

Deixe-os liderar

É difícil ter limites porque eles dependem muito de cada pessoa.

Sei que posso dar um grande e familiar abraço em meu parceiro de investimentos, mas não me dei essa liberdade enquanto ele não se aproximou de mim primeiro. Assim como no bar, você procura sinais de interesse e, se puder evitar, não tomará a iniciativa. Esse é um jogo de combinações — contato visual, um nível de familiaridade, distância física e toque — deixe-o lhe mostrar que está confortável e depois se sinta à vontade para prosseguir.

Truque do negócio: tudo se resume à beleza

Essa é uma estratégia que toda mulher deve saber de cor e estar preparada para usar em qualquer circunstância.

Se você quiser desarmar uma colega de trabalho, elogie-a, e não sua inteligência, suas fantásticas realizações ou seu desempenho. Vá direto à sua aparência. Não importa o quanto ela seja brilhante ou feia, vi isso funcionar com muitas pessoas diferentes. Adoramos nos sentir bonitas e nos orgulhamos dos atributos físicos que mais acreditamos ter. O truque é descobrir "aquele". Se você elogiasse meus lábios carnudos, eu imediatamente a rejeitaria. Se elogiasse meus olhos, acharia você maravilhosamente perceptiva e com um gosto refinado.

Descubra algo que você realmente ache que vale a pena elogiar (cabelos brilhantes, pernas bem torneadas, bolsa fabulosa) e encontrará o modo certo de ser vista com bons olhos por qualquer mulher.

Prometa pouco

Essa é uma área em que você definitivamente não quer prometer demais e não cumprir. Tenho visto mulheres sugerirem verbal e não verbalmente que estão dispostas a pagar um preço pelo crescimento profissional — e depois não estarem prontas para cumprir o prometido. Ninguém gosta de ser feito de bobo.

Escolha seus momentos

Novamente, de um modo muito parecido com o que ocorre no flerte, você não quer correr o grande risco na frente de uma multidão. Há vários motivos para isso: (a) ninguém quer passar vergonha na frente dos outros, (b) manter isso em particular garante que ele não ficará constrangido, evitando ressentimentos, e (c) evitará que os espectadores fiquem sem jeito ou irritados com você.

Capítulo 6

Não fale mal do seu ex

Se ainda não mencionei isso, gosto de encontros. Na verdade, adoro. Embora isso seja um pesadelo para muitas mulheres (especialmente na cidade de Nova York), gosto da emoção e aventura de me sentar a uma mesa com um novo homem me perguntando se ele é o amor da minha vida (talvez eu também tenha alguns problemas em estabelecer compromisso, mas isso é assunto para outro livro). Então, um dia desses, estava jantando com o que parecia ser um dos homens mais incríveis, inteligentes e espirituosos que conheci em muito tempo. Nós falamos sobre política, nos divertimos com nossas disfunções familiares e evitamos falar em nossos ex. Mas então ele se empolgou. Filha disso, filha daquilo. E lá estava... a palavra que começa com "F". E juro que com todas as letras. Ela pode ser uma F*@$, mas não estou pensando em ficar com ela, estou pensando em ficar com ele, e ele me disse tudo que eu precisava saber: é um idiota.

Motivo para terminar uma relação. Não ligo se for seu ex-chefe, ex-colega, ex-marido, ex-cliente. Não fale mal do seu ex. Isso não depõe contra ele... depõe contra você.

Olhos e ouvidos

Coloco a fofoca na categoria do ataque, e, embora saiba (por experiência própria) que uma política de "não fofoca" não emplaca na vida real, realmente é preciso tomar cuidado. Por exemplo, a fofoca depõe contra você (fazendo-a parecer maliciosa ou que não tem nada de interessante acontecendo na sua vida) e, pior ainda, sugere que você não consegue guardar um segredo. Há muitas tantas coisinhas valiosas que a ajudarão a progredir em sua carreira. Michael está transando com Beth no banheiro, haverá uma fusão, John tem um problema com bebida — há muito que você pode fazer com esse tipo de informação, mas não as obterá se passar adiante tudo que ouve. Se realmente tiver algo confidencial de que sente necessidade de falar, faça-o com alguém de sua confiança fora do escritório. Mas, por favor, tenha cuidado com...

Elevadores

Não sei o que há com os elevadores, mas quando estamos todos presos em uma pequena caixa, o que a faz pensar que não podemos ouvir seus sussurros? E que não sabemos que seu chefe se chama Mark? E que não estamos interessadas no fato de ele estar comprando flores para a amante com o cartão corporativo?

Restaurantes

Isto tem a ver com controle de volume. Copos tinem, pratos batem uns nos outros e você grita. Se quiser fofocar, faça isso em voz baixa e não escolha o bar em que seu assistente costuma beber depois do trabalho.

E-mail

Eu não deveria precisar dizer isso, mas já vi acontecer vezes o suficiente para que valha a pena mencionar. Uma coisa é fofocar, outra é ser estúpida a ponto de fazer isso por escrito.

Transporte público

Você diria que isso é um tiro no escuro, mas quem poderia saber que a mãe de Maria pega a linha expressa 6 do metrô? Em todos os lugares, há olhos e ouvidos atentos a cada palavra que você pronuncia.

Truque do negócio: uma nota sobre a competição

Talvez você sinta um pouco de inveja porque ela fica ótima em jeans apertados e é amiga de todos os rapazes. Talvez se sinta ameaçada porque ela tem a ética profissional de uma mula e nunca sai perdendo. Falar mal dos outros em uma competição interna nunca é uma boa ideia (a menos que isso seja disfarçado como um elogio e feito diretamente na frente da pessoa) e nove entre dez vezes você conseguirá o oposto do que pretendia ao abrir a boca. "Ora, vamos, ela não é *assim* tão bonita e, além disso, ouvi dizer que põe o dedo na garganta após cada refeição" só irá depor contra você. E "a Srta. Sabe-Tudo não sabe nada" fará você parecer fora de sintonia. Sempre que se sentir tentada a ridicularizar sua "inimiga" pense no que há nela que faz você se sentir inadequada e use isso como um aviso para reavaliar seus pontos fracos. Seja grata pelo pequeno e saudável chute no traseiro que a fará progredir em seu jogo e descobrir do que realmente é feita.

Fale-me sobre ela

Essa é a pergunta que você não pode evitar. Por que deixou seu último emprego? Você acha que eles gostariam de ouvir que sua ex-chefe é uma idiota e que sua empresa está falindo, mas não gostariam — pelo menos não vindo de você. O mundo do trabalho é muito, muito pequeno, e a última coisa que você deve fazer é fechar portas. Eis algumas respostas para ser lidas na entrelinhas:

- **Foi uma experiência interessante.**

Todos sabem que descrever alguém como "interessante" é apenas um modo educado de se dizer que essa pessoa é insana. O segredo é deixar que cheguem a essa conclusão sozinhos.

- **Aprendi muito.**

Sobre o que eu nunca, nunca faria se fosse chefe. Sim, tudo pode ser atribuído a uma "experiência de aprendizado".

- **Nós amadurecemos e mudamos.**

As pessoas entendem isso — até mesmo o melhor dos relacionamentos pode chegar ao fim. Mas elas não precisam saber que você o encontrou na cama com sua melhor amiga, ou que sua colega de trabalho foi promovida porque ela tem a bunda mais firmes do que a sua.

- **Não era para ser.**

Um modo diplomático de dizer que você preferiria cortar os pulsos a trabalhar para aquele homem.

Metendo os pés pelas mãos

Sou uma ótima pessoa para dar referências. Sei o que procuro quando as peço e aprecio detalhes, por isso tendo a exagerar. Recebi um telefonema de alguém pedindo referências de um antigo funcionário que, francamente, era a pessoa mais estúpida que eu havia conhecido em toda a minha vida — falando sério, estúpido o bastante para me pôr em sua lista de referências. Posso ter usado as palavras "idiota incompetente". Então veio o telefonema. Tinha sido pega em flagrante por meu ex-assistente. O que você faz quando é confrontada com sua indiscrição? Leia a seguir.

Em primeiro lugar, se deu sua opinião, deixe-o dar a dele. Falando sério, atravessei meu escritório para fechar a porta, coloquei o telefone na mesa no modo viva voz (em volume baixo... ninguém precisava ouvir o discurso dele), apertei a tecla de mudo para ele não me ouvir digitando e continuei a trabalhar. Blá, blá, blá. Você deve deixá-lo extravasar tudo, e quero dizer *tudo*. Isso pode demorar de dez a sessenta minutos (a maioria das pessoas ficarão esgotadas em uma hora), mas o segredo é fazê-lo gastar sua energia. Ele tenderá a andar em círculos e você ouvirá a mesma coisa cinquenta vezes, mas deixe-o falar. É melhor que seja com você do que com seu concorrente. No meu caso, o telefone me deu a vantagem da distância. Se você for confrontada pessoalmente, peça para se sentar em um lugar discreto e mantenha a expressão mais solidária, ou pelo menos mais neutra, que puder — tudo que é preciso para provocar outro discurso é um sorriso forçado.

Quando ele finalmente estava exaurido, tive de me esforçar para não voltar a exasperá-lo com um "mas você realmente é um idiota incompetente", mas se você não quiser ouvir tudo de novo, não cutuque a ferida. Pratiquei isso repetidas vezes. Todas as pessoas realmente querem e precisam ser ouvidas, e quando se sentem injustiçadas (com ou sem razão), isso se resume a um simples pedido de desculpas. Tendemos a cometer o erro de pagar na mesma moeda um comportamento deplorável, mas no final das contas se você quiser que isso tenha um fim se limite a dizer: "Sinto muito."

Cabe a ele aceitar ou não suas desculpas, mas nesse ponto você está livre para ir embora. Não sou do tipo que tenta manter a amizade depois de uma desavença (ou separação) irreparável. Você o criticou por um motivo. Não é como se estivesse procurando por um novo amigo. Vá embora e não brinque com fogo.

É tudo sobre você

A verdadeira lição em fofocar o mínimo possível surge quando você é o alvo da fofoca. O que fazer quando Julie, sua melhor amiga no escritório, lhe conta o que ouviu na rua... e é tudo sobre você?

Diga ou confesse a verdade

Como vimos centenas de vezes em revistas de fofocas, geralmente há um fundo de verdade no que foi dito. Dentre as coisas que você ouviu o que é realmente é verdade ou ficção? É preciso lidar com fato e ficção de modos diferentes. Se você realmente está tendo um caso, roubou o grampeador ou está ganhando mais do que seus colegas de trabalho, pense em como quer reagir agora que a verdade veio à tona. De modo geral, nessa fase é melhor não negá-la, porque se o fizer se tornará conhecida como uma garota má, ladra, ambiciosa... *e* mentirosa.

Vedando o vazamento

Quanto aos boatos, ou à parte que não é verdade, você precisa pôr um fim nisso. Trate de obter os detalhes — quem está dizendo o quê — e confronte a fonte. Releia o que escrevi sobre conversas difíceis em "Trate-o mal e o mantenha interessado". Mas, basicamente, o truque é fazer uma pergunta rápida e fácil antes de acusar: "O que você anda dizendo sobre mim?" Independentemente de a pessoa admitir ou não o que disse, é improvável que isso volte a acontecer se ela souber que está na sua lista de suspeitos.

Controle o dano

Pergunte a Bill, Kobe ou até mesmo John Edwards — eles lhe dirão que o melhor modo de controlar o dano (e calar os fofoqueiros) é confessar o mais rápido possível a indiscrição e aguentar as consequências. Aprenda com Martha, que teve a chance de recuperar o respeito e talvez até mesmo de manter seus status de mãe do futebol, perdendo-a quando se recusou a dizer a verdade. A punição foi severa demais? Possivelmente, mas quando as pessoas sentem que o orgulho impede um pedido de desculpas, começam a ignorar as evidências e desconsiderar os fatos. Ficariam felizes apenas em ouvir: "Sinto muito". Mesmo se você achar que a consequência é injusta, ou souber de um monte de pessoas que fariam o mesmo e escapariam impunes, peça desculpas àqueles a quem ofendeu — ou aguente as consequências.

Não aplique golpes... em você mesma

Isso é algo que acontece muito. Se você falar mal dos outros, parecerá má; mas se falar mal de si mesma, parecerá ainda pior. As pessoas acreditam no que você lhes diz, por isso quando você diz "sou tão idiota" ou "estou tão gorda" elas assimilam isso.

Eis coisas que nunca quero ouvir você dizendo sobre si mesma:

Estou cansada. Não dou a mínima para se você ficou até altas horas da noite tendo o melhor sexo de sua vida. Você *não* está cansada. Cansaço é fraqueza. Uma escapatória. Use cafeína, hidrate-se, dê uma volta no quarteirão.

Estou entediada. Então encontre algo para fazer. Se deixar sua chefe saber que está entediada, ela lhe arrumará um serviço... do qual aposto que não gostará.

Estou gorda. O fato é que as pessoas que realmente estão gordas não se dão ao trabalho de salientar o óbvio. Dizer "estou gorda" é um pedido descarado de que alguém, qualquer pessoa, lhe diga, "Não, não está." Agora todos não só sabem que você é fútil como notaram que seus quadris realmente estão se expandindo.

Sou idiota. É mesmo, se disser em voz alta. Ok, você não sabe multiplicar ou qual é a capital do Canadá, mas guarde isso para si mesma. Concentre-se no que sabe e use as ferramentas (calculadora e um mapa) de que precisa para compensar sua estupidez.

Capítulo 7

Não espere mudá-lo

Desta vez as coisas serão diferentes. Ele aprendeu a lição. Isso não vai acontecer de novo.

Pessoas de má índole, idiotas, organizações gigantescas e chefes malucos nunca mudam. Conheço muitas mulheres que batalharam durante anos para subir uma escada impossível ou trabalhando com alguém que as tratava como lixo na esperança de que um dia essa pessoa finalmente caísse em si e lhes desse o crédito que mereciam. Eu lhe asseguro: isso nunca acontecerá.

Desde o dia em que comecei minha carreira, as estatísticas são as mesmas. As mulheres representam 14,8% de todos os cargos de diretoria de empresas Fortune 500 e só ganham 75,5 centavos de cada dólar que os homens ganham. Isso me deixa louca. Não porque os números mudam tão pouco de um ano para outro, mas porque o foco parece totalmente errado. O único modo de uma organização (leia-se chefe, homem, setor) mudar é se isso doer neles. E o único modo de fazer com que doa neles é superando-os. Concentre-se em se tornar a mulher mais poderosa, talentosa e bem-sucedida possível e vá para a empresa melhor e mais merecedora de você que puder encontrar... mesmo se for a sua própria.

Uma carreira bem-sucedida, assim como um relacionamento bem-sucedido, tem tudo a ver com escolher o parceiro certo. Em vez de se concentrar em como você pode mudar sua péssima situação, primeiro vou lhe mostrar como definir seus padrões e saber escolher quem a merece.

O que você está procurando?

Não sei exatamente por que, mas nunca namoraria um homem que usasse uma pulseira. Não fiz esse seleção por um motivo racional, mas isso é inegociável. Seja em algum lugar em sua mente ou escrita em um pedaço de papel, aposto que você tem uma lista do que deseja em um homem. Sagacidade, charme, inteligência, ser fã dos Yankees — o que for. Mas você sabe o que procura em uma empresa, um chefe, parceiro comercial ou em seus colegas de trabalho?

Pense um pouco nisso. Depois o anote. Sei que pode parecer estranho, mas garanto que funciona. Minha lista será diferente da sua — talvez você goste de homens que usam joias — por isso faça a sua própria. Mas para começar eis meus principais requisitos. Talvez você fique surpresa ao descobrir (como eu fiquei) que o que você procura em um chefe não é muito diferente do que procura em um homem. Ele deve ser:

Leal

Só quando se é apunhalada pelas costas, enganada e explorada se percebe o quanto a lealdade é importante. Por não querer descer ao nível dele, não entrarei em detalhes, mas sei que fui enganada por um parceiro comercial que, pelas minhas costas, deixou algo em que eu estava trabalhando ser tirado das minhas mãos. Em um mundo ideal, todos os seus contratos (de emprego, freelancer e relacionamentos de negócios) devem ser claros, específicos e proteger seus interesses. Mas no mundo real, na maioria das vezes você contará com a boa vontade e um aperto de mão. Infelizmente, lealdade é demonstrada por meio da ação. Confie em seus instintos e procure sinais de aviso. Mas se no final das contas alguém a trair, não dê a essa pessoa a chance de fazer isso de novo. E se encontrar pessoas leais, recompense-as e as mantenha próximas.

Inspirador

Perguntei a uma de minhas melhores amigas que estava prestes a se casar o que em seu noivo a fez saber que ele era o homem certo. Ela respondeu:

"Ele me faz querer ser melhor do que realmente acredito ser." Sempre achei que o ideal é você encontrar alguém que a aceite exatamente como é, mas estive várias vezes nessa situação e no final foi um pouco cansativo. Estou aprendendo isso como chefe. Se você responder com "ótimo", "perfeito" e "obrigada" muitas vezes, o incentivo e a qualidade diminuirão. Todos nós queremos ser melhores do que realmente acreditamos ser. Procure chefes, funcionários e clientes que a puxem para cima, façam críticas construtivas e a desafiem a melhorar.

Divertido

Isso é novo para mim — um lembrete para atualizar sua lista regularmente. A verdade é que mesmo se você tem uma carreira ou relacionamento que adora, há uma rotina diária envolvida e, por isso, deve estar com alguém que torne as coisas divertidas. Agora me cerco por todos os lados de pessoas (acima e abaixo de mim) que aprecio, pessoas com senso de humor, que levam seus trabalhos, mas não a si mesmas, muito a sério. A vida é muito curta e sua carreira é muito longa para se cercar de estraga-prazeres.

Se você ainda tem dificuldade em saber do que gosta, posso ajudá-la a saber do que não gosta:

Do pessimista: tive o azar de trabalhar com a pessoa mais pessimista que conheci e recomendo que você evite esse tipo de gente. Sempre preocupado com quem queria prejudicá-lo (ham... *ninguém*) e me apresentando todos os motivos pelos quais uma ideia *não* daria certo, era difícil conseguir que ele fizesse alguma coisa. Quem quer ter em sua equipe uma pessoa que já decidiu que você vai se dar mal?

Do maníaco: um dia ela se oferece para lhe emprestar sua bolsa Prada e no dia seguinte bate em você com ela. Você não pode obrigar ninguém a tomar medicação, e há alguns problemas psicológicos com os quais simplesmente você não pode lidar. É difícil ser produtiva quando você precisa dormir/trabalhar com os olhos bem abertos.

Do viciado: em álcool, pôquer, *strippers*, cocaína. Seja qual for o vício, estará perto demais do escritório. Tenha cuidado com viciados. Seus problemas pessoais os levarão a más escolhas profissionais e você corre o risco de cair com eles.

Onde os bons se escondem

Agora que você decidiu que não quer trabalhar para Tom, Dick e Harry, é hora de tentar descobrir onde os bons se escondem. Você sabe como isso funciona.

Amigos e parentes

Pode ser um pouco constrangedor admitir que você está no mercado e pedir a ajuda de amigos, mas pior ainda é ficar abatida, sem ser apreciada e em um emprego que detesta. Deixe seus amigos e parentes saberem que você está andando a esmo e veja o que acontece. Uma boa indicação vale ouro.

Mexa-se

Isso soa como um clichê, mas nunca se sabe quando ou onde você encontrará o trabalho dos seus sonhos. Mantenha a mente aberta tanto em termos do que poderia ser a coisa certa (quem diria que fazer compras era uma carreira de verdade?) quanto de onde a encontrará (certamente em qualquer lugar, menos dentro de casa). Você não vai conseguir nada ficando sentada no sofá ou frequentando desanimadamente os lugares de sempre

Internet

Navegar um pouco na internet lhe permite não só examinar as opções disponíveis como também, se usar um recurso como sites de vagas de emprego, conhecer a realidade diária de várias empresas do ponto de vista dos funcionários. E embora o e-mail seja um ótimo modo de se corresponder e um telefonema possa ser um próximo passo útil, nunca aceite nenhuma proposta sem um encontro cara a cara. Todos nós podemos ser enganados pela distância digital e por apresentações de doutorado. Assim como em um primeiro encontro, uma estrevista é uma oportunidade incrível para identificar quem não presta e minimizar os danos.

Assim como você deveria ficar longe de certos tipos de colegas de trabalho, os comportamentos a seguir de chefes durante entrevistas devem fazê-la correr para os elevadores.

Eu, eu, eu, blá, blá, blá

Que bom que ele está disposto a compartilhar, mas se falar sem parar para respirar sobre tudo que conseguiu, como a empresa não poderia sobreviver sem ele ou como todas as suas colegas o adoram, vá embora. Como um namorado que nunca ficará confortável se você dividir com ele os holofotes, um chefe que só fala sobre si mesmo é um desperdício de seu tempo. Encontre uma via de mão dupla com uma saída.

Desculpe, deixe-me só atender este telefonema... de novo

Ele deve ser todo olhos e ouvidos para *você*, gloriosa, cativante e brilhante. Um chefe que chega atrasado, atende telefonemas, lê e-mails ou parece mais interessado em olhar as manchetes do *jornal* do que em saber por que você é a pessoa certa para o trabalho nunca lhe dedicará o respeito e a atenção de que você precisa para ir em frente.

Ponha Matt no telefone, *agora!*

Um nível básico de respeito pelos seres humanos provavelmente é a característica mais essencial em um chefe. Qual é o tom dele ao falar com seu assistente? Como ocorre com o namorado que trata mal uma garçonete no jantar, um comportamento questionável é apenas uma amostra do que ele fará quando se sentir totalmente à vontade para revelar sua verdadeira personalidade.

A pronúncia correta é "fi-nança"

Crítica construtiva é uma coisa, mas se ele for rápido demais em apontar seus defeitos e estabelecer a própria superioridade, é uma pessoa com a qual não vale a pena perder tempo trabalhando.

Então me fale sobre seus seios, *er*, quero dizer, seus meios de trabalho

Há muitas coisas em você que deveriam ser o centro da atenção durante uma entrevista, mas elas não incluem seus seios. É claro que você pode estar linda em seu terninho e seus escarpins, mas deseja ser apreciada pelo seu cérebro. Ele nunca reconhecerá suas contribuições inteligentes e seu potencial de estrela enquanto estiver pensando com a cabeça errada.

Sucesso ou fracasso

Há muitas horas em um dia e muitos anos no auge de sua carreira para trabalhar. Mas há aquilo que chamamos de se esforçar em vão. Se ainda não estiver certa sobre se deve continuar ou sair de uma situação perdida, eis uma lista do que é tolerável e intolerável no mundo real.

Tolerável	Intolerável
Pedir para você ficar até tarde.	Pedir para você cuidar dos filhos pequenos dela.
Pedir sua opinião sobre lugares incríveis para passar a lua de mel (pelo menos ele acha que você tem bom gosto).	Pedir sua opinião sobre *ménage à trois* (oh, as imagens!).
Receber uma mensagem pessoal do ex-marido de sua chefe.	Dizer que, segundo sua chefe, o ex deveria "se ferrar".

Copiar você em todos os e-mails que ela envia. (É claro que isso é irritante, mas nunca se sabe quando esses documentos escritos poderiam vir a calhar.)	Repreender você em e-mails que ela envia para toda a equipe (novamente, duas palavras: provas escritas).
Pedir para você encomendar o almoço dela.	Pedir para você pagar o almoço dela do seu próprio bolso.
Ele perder a calma sob pressão (isso acontece com todo mundo).	Ele perder a calma sob pressão e não admitir isso.
Dizer para você seguir a orientação dele em uma reunião.	Pedir para você se sentar lá e parecer bonita na reunião.
Ter de remarcar sua avaliação semestral — de novo.	Também não fazer sua avaliação anual.
Dizer o que ela realmente pensa de suas habilidades de arquivamento.	Chamar você de Karen — quando seu nome é Kara.
Dizer a você que sua ideia é brilhante — logo antes de levar o crédito por ela.	Roubar sua ideia — e depois destinar a tarefa de implementá-la para seu colega.
Editar várias vezes sua proposta.	Editar várias vezes seus e-mails.
Ser apenas um pouquinho vaga quando lhe destina uma tarefa.	Gritar com você quando o projeto não é exatamente como ela queria. Você não é uma leitora de mentes.
Favorecer uma colega de trabalho que está há 25 anos na empresa (pelo menos ele é leal).	Recompensá-la por um trabalho que você faz igualmente bem.

Capítulo 8

Jogue duro para conseguir

Dizem que vale a pena lutar por tudo que vale a pena ter e, no caso da sua carreira, isso significa você. Aqui, estamos trabalhando com instinto humano básico. As pessoas querem o que não podem ter, o que parece raro e o que os outros já confirmaram que é valioso. Você já passou por esse fenômeno muitas vezes.

- Você o dispensa, ele arranja uma garota incrível... você o quer de volta.
- Você vê algo, o deseja, não pode pagá-lo... e pega seu cartão de crédito.
- Você o conhece, adora ele e telefona pela centésima vez... e ele foge para as montanhas.

Na terra do romance, chamamos isso de jogar duro para conseguir. Na fantasia da moda, queremos o inatingível (tanto o corpo quanto a bolsa). No mundo profissional, tudo tem a ver com oferta e demanda.

A lei

Não vou mentir para você, estou tão longe de ser uma economista quanto você pode imaginar, mas vivo e namoro em Manhattan, onde homens que nunca iriam para a cama em outra cidade do mundo estão de algum modo, cercados por supermodelos. A única explicação é: essa é a lei da oferta e demanda. E para os objetivos de nossa discussão, vamos nos concentrar nas curvas.

A curva da oferta

Eis o conceito da curva da oferta. Quando a oferta diminui, o preço aumenta.

Fiz um pequeno gráfico para você e o relacionarei com algo que todas nós experimentamos. Quanto menos tempo, energia e esforço (oferta) você dedica ao seu homem, mais ele parece valorizá-la ou apreciá-la (preço). Não aceitar um encontro no sábado após a quarta-feira, a cronometragem de 15 minutos no telefone — são "As Regras" sobre diminuir sua oferta para aumentar seu valor. Conclusão: se você quiser se tornar mais desejável... desapareça.

Isso parece um pouco ilógico — meu chefe não notará que só fico aqui das 10 às 13 horas? Porém, no caso de sua carreira, não estamos falando sobre o número de horas cronometradas (apesar de que, se você der os passos a seguir, vai ver se exatamente nessa posição), mas sobre como se tornar uma commodity rara — oferecer o que ninguém mais oferece. Sou chefe há muitos anos, e posso afirmar que, se você tiver a capacidade de oferecer algo único, de bom humor e com um pouco de discernimento, será bem-sucedida.

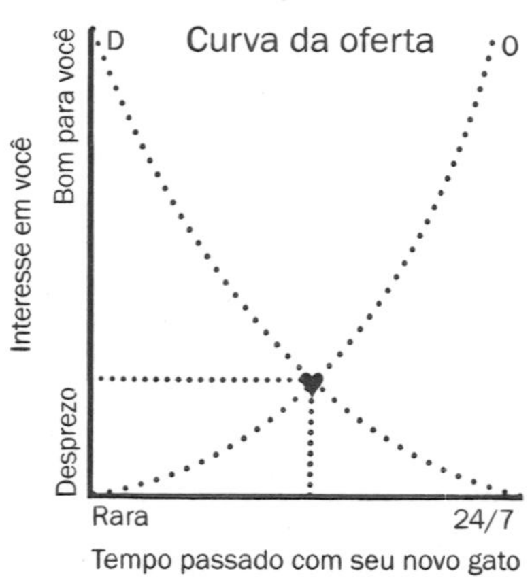

Certifique-se de que está sendo produtiva

Isso não tem muito a ver com o número de horas que você passa sentada à sua escrivaninha (ou em seu divã), mas com a experiência que cria e, em última análise, se resume a isto: você o repassa sua mensagem?

Acredite em mim, não é difícil conseguir alguém para se sentar em sua cadeira. Há literalmente milhares de pessoas esperando o momento propício — indo para o escritório na segunda-feira e contando as horas (jogando paciência, checando a *People.com*) até sexta-feira. Chefes, assim como namorados, às vezes estão simplesmente tentando ocupar uma posição, cegos ao fato de que não há realmente nada importante sendo produzido. Mas eu lhe asseguro que outra opção mais interessante, atraente e cativante *surgirá* e você será deixada de lado. É difícil valorizar o que apenas está sentado lá parecendo bonito.

Deixe seu trabalho falar por si mesmo

Você não conseguirá produzir se tudo que fizer for falar. Sou totalmente a favor de você se divulgar e receber o crédito que lhe é devido, mas há uma linha tênue e se você já a experimentou sabe do que estou falando. Tive essa conversa, tanto pessoal quanto profissionalmente e acho que não há nada pior do que um idiota lhe dizendo o quanto é valioso, inteligente ou indispensável. Se você é ótima, isso se espalhará e/ou chegarei sozinha a essa conclusão. Você ficaria surpresa (ou talvez não) com quantas pessoas preguiçosas e desagradáveis, que realmente pensam (e não hesitam em lhe dizer) que são muito importantes. Quando mais tempo e energia você dedicar a se vangloriar, menos demanda haverá por seu talento.

Seja uma "especial"-ista

Há muitas garotas bonitas, gentis e inteligentes lá fora. O que a torna tão especial? Tenho uma regra simples. Nem pense em competir com as massas — você ficará perdida na multidão. Realmente acredito que se quiser se destacar, precisará descobrir do que gosta, o que em 99%

das vezes é no que realmente é boa (por que gostaria se fosse horrível?) e depois praticar, praticar e praticar. Dedique-se a ser a melhor naquilo em que é mais talentosa — leia tudo em que puder pôr as mãos, faça cursos, vá a eventos do setor. Vejo muitas mulheres que se movem sem ser notadas, são amadoras nisto e naquilo mas nunca realmente se tornam especialistas em nada. Sei que é difícil você ser boa em muitas coisas, mas lhe asseguro que chefes, vendedores e clientes pagarão por seu talento especial — que não podem encontrar em outro lugar. Escolha um talento e seja a melhor — melhor do que todo o resto.

Reinvente-se

Quando você identificar seu talento especial, precisará aprender a combiná-lo. Madonna dança e canta há 25 anos, mas ainda compraremos seu próximo álbum, e, se você for como meus amigos e eu, será a primeira na fila para comprar ingressos para o show dela. Por quê? Porque você sempre sabe que terá algo novo. O segredo de estar na curva da oferta é apresentar seu talento específico em um novo pacote brilhante. Independentemente do setor, sempre há inovação e você precisa estar à frente da curva, mudando sua história, sua aparência, sua apresentação para parecer única (ou, em outras palavras, rara).

Uma dose saudável de reinvenção não só é boa para os outros como também para você. Trabalho em meu negócio há quase oito anos e há dias em que quase choro de tédio. Há um tempo, junto com um novo parceiro comercial e porque estava cansada de minha própria mesmice, reinventei-me totalmente — com festa e tudo. O negócio é o mesmo — ajudar mulheres jovens a construírem carreiras bem-sucedidas — mas com uma nova embalagem (website, nome, cores da marca), uma nova equipe e energia renovada. Quando eu estava escrevendo meu discurso para a noite, deparei-me com a real definição de "reinvenção". *Fazer uma coisa que já existe parecer nova.* Adoro isso porque ajuda você a ver que, na verdade, não é tão assustador. Você não precisa começar do zero — de fato, não deve. Madonna realmente é a mestra da reinvenção — em cada álbum, vídeo e turnê. Ainda é ela, mas de algum modo tudo é novo. Eis alguns modos específicos de você fazer isso por si mesma.

Faça uma mudança. Você não tem de reformular sua marca pessoal ou renovar sua imagem todas as semanas, mas mudanças pequenas e sutis podem evitar que você *e* os outros se entediem com o que tem a oferecer. Se sua escrivaninha parecer que foi tirada do cenário de *The Office*, redecore-a. Se estiver distribuindo os mesmos cartões de visita do tempo em que se candidatou ao seu doutorado em administração de empresas, crie um novo. Se você usa aula de pilates, um namorado doente, tratamento de canal ou *qualquer* desculpa para não ir a happy hours com colegas, surpreenda-os aparecendo da próxima vez. Dar uma sacudida nas coisas manterá você à par das coisas e os outros intrigados.

Aprenda um novo truque. Com a competição constantemente querendo vencê-la, você precisa ficar acrescentando coisas à sua bolsa de vantagens. Talvez uma aula sobre vinhos a torne mais confiante em jantares com clientes. Ou experimentar um caminho diferente para o trabalho a faça ter uma nova ideia. Não importa o quanto um novo truque pareça trivial, manter os olhos (e a mente) abertos a um novo modo de agir traz oportunidades inesperadas.

Reavalie-se. Você não pode permanecer atualizada se não perceber que ficou para trás. Todos precisam de um bom choque de realidade de tempos em tempos (alguns com mais frequência do que outros). Não seja aquela que não conhece seus próprios hábitos irritantes. Peça opiniões, identifique e corrija seus pontos fracos.

O truque com a curva da oferta é que você realmente pode chegar ao ponto de oferecer menos e receber mais. Se você desenvolver um talento único, se concentrar em produzir e se reinventar continuamente, isso terá cada vez menos a ver com as horas que você trabalha e mais com o preço que cobrará.

A curva da demanda

Eis o conceito da curva da demanda: quanto mais alta a demanda, mais alto o preço.

Novamente, usei uma ilustração e relacionei um desejo (moda) para dar meu recado.

Antes de começarmos a explorar o lado da "demanda", que é ainda mais divertido da equação de jogar duro para conseguir, há duas coisas que precisamos considerar.

A primeira é que procurei o significado da palavra "demanda" e fiquei surpresa com a definição: *"pedir algo com a autoridade adequada"*. Demanda não é demanda sem autoridade, e a autoridade começa e termina com você. Se você não acreditar que merece isso (amor, dinheiro, respeito), não o terá.

Curva da demanda

A segunda é que sou totalmente a favor de bater na porta certa. Para criar demanda, é preciso que haja um desejo intrínseco. Não me interprete mal, o desejo é totalmente maleável — como lhe mostrarei a seguir, mas deixe-me colocar isto assim: vi muitas morenas tentando convencer um apreciador de loiras de que elas eram as mulheres certas (para serem amadas) e muitas mulheres brilhantes tentando convencer um chefe sexista de que elas eram as certas (para serem promovidas). Todas desperdiçaram muito tempo e energia. Escolha suas batalhas.

Quanto a esta batalha, decidi usar a metáfora da bolsa de mão Hermès Birkin, não porque você necessariamente desejaria ou compraria uma, mesmo se tivesse de U$ 5.000 a U$ 50.000 sobrando, mas porque isso se traduz facilmente em sua carreira. Há quatro fatores-chave que influem na demanda: reputação, qualidade confiável, disponibilidade e preço.

Torne-se conhecida

Reza a história que, sentada perto do CEO da Hermès Jean-Louis Dumas, em 1984, em um voo de Paris para Londres, a atriz e modelo inglesa Jane Birkin abriu sua agenda e um monte de notas soltas caíram no cão. A conversa mudou para a dificuldade que Jane tinha em encontrar a bolsa de couro certa para o fim de semana e *voilà* — semanas depois a bolsa chegou à sua porta — devidamente batizada de Birkin. Vamos ser honestas: há muitas outras opções elegantes, mas a Birkin é mais do que uma bolsa... é uma lenda.

O objetivo é se tornar uma lenda. Você precisa ser mais do que as horas que trabalha e o produto que entrega se quiser influir na demanda. Você, seu nome e sua reputação são o que tem de melhor para criar demanda. Só há 24 horas no dia e, para alavancar seus esforços e causar impacto, você precisa criar uma reputação que a preceda. Como fazer isso? Fornecendo repetidamente algo do qual valha a pena falar.

Qualidade, não quantidade

Apenas recentemente escolhi minha primeira Birkin, e como você pode imaginar (considerando o preço), é uma obra-prima. Hermès era originalmente conhecido por fazer selas de cavalos para nobres. A qualidade era tão boa que coroações literalmente eram adiadas à espera de sua entrega. Hoje as mulheres estão em listas de espera há semanas, meses e até mesmo anos pelo privilégio de pagar muitos dólares por suas próprias Birkins.

Se você quiser aumentar sua demanda, precisará — não uma ou duas vezes, mas *sempre* — apresentar qualidade. Independentemente do quanto o projeto seja grande ou pequeno, precisará de seus melhores esforços, e até mais do que isso, para exceder as expectativas. Escolha suas tarefas cuidadosamente. Menos é mais. Eu lhe garanto que você sempre sai ganhando quando se concentra não em cinco projetos mal avaliados, mas em dois projetos excelentes em que pode produzir resultados significativos. Se for realizar um trabalho, dê tudo de si. Como já dissemos, descubra qual é seu principal talento, exerça-o em um nível em que ninguém poderá superá-la e terá funcionários e clientes fazendo fila para trabalhar com você.

Torne-se indisponível

Eu quis ver o que aconteceria. Telefonei para a Hermès na Madison Avenue, em Manhattan, e avisei que dali a uma hora estaria lá para comprar uma Birkin preta. Eles me disseram para não ir. Mesmo tendo dinheiro não posso comprá-la porque ela não está mais disponível. Que loucura é essa?

Vejo uma amiga e empresária respeitada fazê-lo o tempo todo. Pedem-lhe que trabalhe um projeto e ela diz: "Não." Eles telefonam uma semana depois, com U$ 25.000 a mais em seus orçamentos e ela diz: "Não". Na semana seguinte, quando eles telefonam com U$ 50.000 a mais em seus orçamentos e a oferta de que ela preste a consultoria pelo telefone sem precisar voar para Los Angeles para implementar suas recomendações, ela diz: "Sim." Eu lhe perguntei: "Você não fica com medo de eles irem procurar outra consultora (comprar outra bolsa)?" E ela responde confiante: "Quanto menos eu estiver disponível, mais me desejarão. Isso não diminui o interesse deles, pelo contrário, aumenta."

Faça-os pagar

Quanto mais uma coisa vale (o que é ditado pela reputação e qualidade), mais as pessoas pagarão por ela. Vamos nos estender nesse assunto mais tarde, mas saiba que o preço proibitivo da Birkin explica em grande parte o fascínio por ela. A bolsa é um símbolo de status que diz: "Sou suficientemente bem-sucedida para poder usar isto."

O que você quer que ocorra em sua carreira é que as empresas lutem pela oportunidade de lhe pagar uma quantia enorme para poderem dizer: "Somos suficientemente bem-sucedidos para atrair esse tipo de talento." Quanto mais você pedir, mais eles acreditarão que você vale.

Capítulo 9

Coloque um pouco de brilho

Ela tem uma ótima personalidade...

Todos sabem o que isso significa — e não é bonita. Em um mundo perfeito todas nós seríamos respeitadas, contratadas, amadas e promovidas por nossas personalidades incrivelmente inteligentes e vencedoras, mas... não somos. Em vez disso, temos cerca de dois segundos para causar uma primeira impressão e aqueles cabelos despenteados, aquela blusa idiota e uma calça que delineia inadequadamente suas partes íntimas dizem muito.

Conheço muitas mulheres que se atribuem superioridade moral que insistem a se recusar a entrar no jogo. O importante está em seus cérebros, não em suas bolsas, e entendo isso. Mas, por favor, não seja ingênua de pensar por um segundo que as pessoas não a julgam por sua aparência. E, goste ou não disso, sua aparência — e me refiro a tudo, do que você veste todas as manhãs ao seu penteado — transmite coisas sobre quem você é e sobre o seu desempenho. Com essa pequena dica, você pode seguir em uma de duas direções: a da raiva e da rebeldia ao ter uma aparência péssima todos os dias ou a do controle da situação e da união de forças. Recomendo a última.

Antes de avançarmos neste capítulo (e de eu ser apedrejada por feministas), vamos começar salientando três coisas:

- Isso não tem a ver com uma aparência de modelo. Não faz mal se você tem nariz adunco, testa alta e 5kg a mais nas nádegas. Na verdade, beleza demais pode prejudicá-la no mundo do trabalho (nós, com uma aparência normal, podemos ficar com um pouco de inveja e destacar sua beleza de muitos modos dissimulados). Estamos falando em você usar o que tem e colocar um pouco de brilho.

- Não estou sugerindo nem por um segundo que você tente se transformar em algo que não é. Assumir uma aparência desconfortável... parece desconfortável. Você pode e deve ter seu próprio estilo (mas, repito, não seja tola o suficiente para acreditar que seu piercing na língua vai causar uma boa impressão na maioria das empresas). Para a maioria de nós, isso é simplesmente uma questão de levantarmos nossos traseiros preguiçosos, fazermos algumas compras e nos esforçarmos um pouco todas as manhãs.
- Nas palavras do ícone da moda Coco Chanel, "Uma garota deve ser duas coisas: cheia de classe e maravilhosa". Se você não se sentir maravilhosa, não importará o que esteja vestindo. No final das contas, investir um pouco de tempo e energia em sua aparência — e ao mesmo tempo ajudar os outros a se sentirem bem em relação a você — tem a ver com *você* se sentir bem em relação a *si mesma.* Para todas as minhas amigas defensoras da moralidade, digo que, no fundo, vocês conhecem a sensação de prazer e confiança proporcionada por um pouco de verniz.

Uma roupa para cada ocasião

Desde tempos imemoriais a maioria das pessoas tenta se vestir de acordo com a ocasião, mas por algum motivo muitas têm dificuldade em distinguir a pessoal da profissional. Isto as ajudará:

Sair para se divertir = networking

O negócio é o seguinte: você pensa muito na imagem que quer transmitir quando vai a um bar conhecer rapazes (o bibliotecário difícil de conquistar) ou impressionar suas amigas (minha bolsa é maior do que a sua), e você precisa usar a mesma abordagem no networking. Seja em uma feira de negócios, uma conferência ou até mesmo um avião, você conta totalmente com sua aparência para causar uma boa impressão e atrair pessoas, por isso precisa ter um plano. Nesse tipo de ambiente você estará cercada de muita gente, portanto o segredo é pensar à frente e começar as conversas. Use uma joia digna de nota ou uma cor vibrante e veja as pessoas se aproximando.

Primeiro encontro = entrevista

Nessas duas situações o homem do outro lado da mesa só está pensando em uma coisa: "Nós combinamos?" É difícil ouvir isso, mas a verdade é que sempre há um pouco de "Vou me orgulhar ao apresentar essa mulher (para minha equipe) ou precisarei escondê-la?" envolvido. Com pouco tempo para conhecê-la, você deve tornar essa decisão fácil para ele. Não usaria seu prendedor de cabelos em um bar cheio de homens e esse certamente não é o momento para usar uma de suas camisetas compradas em shows. Informe-se de antemão sobre o ambiente e as expectativas do setor em relação ao seu estilo. Se não tiver uma ideia clara, sempre se vista melhor do que a ocasião exige — isso demonstra respeito e esforço.

Conhecer os pais = apresentação ao cliente

Isso pode ser difícil, porque nem sempre você sabe de antemão com o que está lidando e há muitas partes envolvidas: a mãe que não deseja ver seu decote, o pai que quer acreditar que seu filho está com uma mulher linda, a cunhada que quer pedir suas roupas emprestadas. No caso da "apresentação", acredito em ser forte, poderosa, mas antes de mais nada sutil. Sua apresentação é que precisa dizer muito — não sua minissaia rosa-choque.

Vida a dois diária = o trabalho das nove às cinco

Quando eu volto para casa do trabalho, mal posso esperar para vestir meu velho e confortável pijama. Mencionei que sou divorciada? Realmente não acho que foi por isso que o relacionamento não deu certo e não, você não será demitida por usar sua roupa de ginástica três dias seguidos, mas um pouco de esforço traria mais paixão, energia e entusiasmo para a situação? Sim. De todas as ocasiões de que estamos falando aqui, essa é a que mais vale a pena mencionar (acredito que você se esforçará um pouco no grande encontro) porque, sinceramente, é a que conta. Não só no que diz respeito a como os outros a veem (você já ouviu a expressão "se vestir para o emprego que quer"), mas também porque estar bem vestida a faz se sentir bem. Senti isso muitas vezes e estou mais consciente de quando usar uma determinada roupa. Apenas experimente: — durante uma semana, se vista o melhor que puder (depois do trabalho também) e veja o que isso faz pelo seu desempenho.

O diabo está nos detalhes

Tenho uma amiga que é linda... se você não considerar os pelos no queixo dela. O verdadeiro segredo de toda essa coisa de se arrumar é que as pessoas nem sempre notam quando você está com uma boa aparência, mas notam quando não está. Sei que é preciso muita atenção para perceber pequenos detalhes, mas são eles que contam.

Cabelos

Vejo muitas mulheres bem-vestidas com cabelos que realmente me fazem pensar que elas deveriam se limitar a usar roupas de ginástica. Eis algumas regras básicas: se o dia for longo, leve com você uma escova de cabelos; usar rímel para disfarçar a raiz é só para emergências (e preferivelmente quando você será vista à distância). E o que sua mãe lhe ensinou sobre sair com os cabelos molhados? Já que estamos falando em cabelos, se você for como minha amiga e tiver bigode, invista em depilação a laser. Esse será o dinheiro mais bem gasto de toda a sua vida.

Dentes

Venho de uma família com problemas odontológicos. Meus próprios dentes foram corrigidos, envernizados, polidos — chame como quiser.

Eu aceitarei qualquer opção disponível. Nada diz melhor "cresci em um *trailer*" do que dentes quebrados e amarelos. Tenha isso em mente quando ficar tentada a não fazer sua limpeza semestral.

Polimento

Uma camada de brilho ou verniz. Essa não é uma definição fantástica de polimento? Quem não deseja brilhar? Eis cinco áreas em que você deve aplicar polimento:

✓ Unhas

Se for sair com os dedos dos pés à mostra, passe esmalte neles.

✓ Sapatos

Outra dica: de que adianta usar escarpins se eles estão velhos e surrados? Não há desculpa para isso. Não sai caro levá-los a um sapateiro para trocar a sola e engraxá-los.

✓ Bolsa

O sapateiro também dará um jeito na parte externa dela, mas a interna é responsabilidade sua. Nada transmite mais desorganização do que uma bolsa cheia de papéis, maquiagem solta e absorventes internos.

✓ Postura

Peça aos seus amigos, familiares e colegas de trabalho que a avisem sempre que a virem curvada — esse é um hábito que você pode perder. Uma postura ereta valoriza qualquer roupa. (Sem mencionar que a faz parecer mais magra).

✓ Modos

Isso é mais importante do que tudo. Não adianta nada estar bem vestida se você for rude.

Os dez mandamentos da garota com estilo

Quando se trata de estilo, algumas pessoas simplesmente têm um péssimo gosto. Eis algumas regras testadas e comprovadas que, se seguidas por todas nós, reduzirão muito o mau gosto no mundo. Pendure-as em seu espelho e, se preciso, leve-as com você para o shopping, mas nunca vá trabalhar sem consultar "Os dez mandamentos da garota com estilo".

1. **Conheça seu corpo.** Vivemos em uma sociedade que incentiva as mulheres a aceitarem seus corpos como eles são — o que seria maravilhoso se todas nós fôssemos cópias de Victoria Beckham. Infelizmente, as mulheres interpretam "aceite as próprias curvas" como "use o que quiser", mesmo se isso envolver pneus saindo pelos lados de seus jeans. Na dúvida, compre um número maior. Mesmo quando você erra na compra e o número é grande demais, a roupa ainda pode parecer de bom gosto, enquanto a apertada demais não leva em conta aquelas manhãs depois que você se empanturrou de vinho e *hors d'oeuvres* em um jantar com um cliente. E lembre-se de que nenhuma mulher é magra demais para usar uma cinta modeladora. Se você ainda não investiu em uma, por favor faça isso *agora*. O tempo é precioso.
2. **Prefira o clássico ao que está na moda.** A mesma sociedade fascinante que nos diz que devemos aceitar nossos corpos como são também nos incentiva a expressar livremente nosso estilo pessoal — o que, repito, seria ótimo, se algumas de nós não saíssem de casa parecendo uma versão piorada da Pamela Anderson. Ter seu próprio brilho é ótimo quando estamos falando sobre um colar ou sapato de salto de cor vibrante, mas (especialmente se você trabalha em um ambiente conservador), guarde suas experiências com roupas para os finais de semana. Se você não estudou moda e não tem um estilista pessoal, as chances são de que seus "riscos" sejam realmente erros — e, por isso, não apreciados no escritório.
3. **O caimento supera a qualidade.** A regra sempre foi a de que é preferível a qualidade à quantidade, mas isso não é totalmente verdadeiro. O segredo é que o *caimento* sempre supera as duas.

Sim, é totalmente possível ficar divina usando Gucci. Mas, como eu já disse, você pode fazer uma roupa barata parecer ter custado um milhão de dólares se ela cair bem em todos os lugares certos (e favorecê-la). Além disso, agora que temos estilistas trabalhando para cadeias de lojas como Target e Kohl's você pode encontrar roupas boas e baratas. O importante não é onde as compra, mas como elas caem em seu corpo, o que me leva à próxima dica: se não é de alfaiataria, não é elegante. Se você nunca teve um blazer ou uma calça de alfaiataria, choro em silêncio pelo que temo que seja a sua aparência todas as manhãs quando vai trabalhar. Pneus, alças de sutiã e cofrinhos à mostra, calça delineando a marca da calçinha ... tudo isso me faz chorar. Um alfaiate poderia não só ser a solução para todos os seus problemas amorosos como também poderá catapultá-la para o melhor dos escritórios.

4. **Ostente quando necessário** (ou não retire as etiquetas!). Provavelmente você não ouvirá isso de seu consultor financeiro, mas comprei muitas roupas maravilhosas no cartão de crédito porque sabia que me dariam a aparência (e confiança) de que precisava para me sair bem em uma entrevista. Há certos momentos (e você os reconhecerá quando surgirem) em que ter sua "melhor aparência de sempre" não basta. Quando lhe apresentam a oportunidade de sua vida e você só tem uma chance de aproveitá-la, nenhum preço é alto demais para projetar uma boa imagem. (E qualquer um que lhe diga o contrário nunca passou por isso.)
5. **Cuidado com sua lingerie.** Nunca pensei que diria isso, mas Lindsay Lohan e Britney Spears têm razão — de certa forma. Não estou sugerindo que você deixe invisíveis marcas de calcinha a *qualquer* preço, mas se puder deve evitá-las. Com todos os tipos diferentes de lingerie disponíveis, simplesmente não há nenhuma desculpa para não fazer isso.
6. **Preto é sempre preto.** Assim como cinza ou azul-marinho, que podem combinar melhor com alguns tons de pele e de cabelo e

são igualmente distintos e elegantes, além de fazerem você parecer mais magra. Quando se trata de cor, você quer usar suas roupas, não ser usada por elas. Um pouco de cor é uma coisa; um conjunto amarelo-canário em uma entrevista é outra. Afinal de contas, você quer que eles se lembrem de você e sua apresentação, não de "Você sabe... qual é o nome dela... aquela toda de amarelo."

7. **Bons sapatos valorizam uma roupa.** Embora você possa fazer suas roupas parecerem caras, com os sapatos você tem aquilo pelo que paga. Não, falando sério — use um sapato barato e pode esperar ganhar menos. Por outro lado, pode estar vestida de cima a baixo com roupas da Forever 21 e ainda assim parecer espetacular se tiver Manolos nos pés. E embora eu não recomende comprar roupas on-line (por medo de que o caimento não seja bom), os sapatos são uma aposta muito mais segura. Shopbob, Bluefly e Zappos são ótimos sites em que você pode comprar sapatos de marca a um clique. Então, agora que eu lhe dei a permissão pela qual estava esperando... comece a economizar!
8. **Use acessórios com moderação.** As joias podem ser as melhores ou piores inimigas de uma roupa. Algumas diretrizes a seguir: se você for usar uma peça marcante (um colar fantástico ou anel enorme), reduza o resto ao mínimo. E a menos que tenham lhe emprestado um conjunto Swarovski para usar com seu vestido para o tapete vermelho do Oscar, não deve combinar brincos, pulseiras e colares — o excesso dessas coisas grita: "Eu faço compras na Claire's." No que diz respeito aos acessórios — a bolsa em seu braço, o lenço em seu pescoço, o cinto — você pode gastar pouco em tudo, menos na bolsa. Acredite ou não, clientes, colegas de trabalho e entrevistadores a julgarão por ela.
9. **Aprenda a fazer sobreposições.** Sobreposições mal-feitas tornam volumosas e desproporcionais até mesmo as mulheres mais magras. Se há uma combinação que é essencial dominar, é a de reunião-trabalho-preciso-de-uma-bebida-o-mais-rápido-

possível. O truque é começar com a camada mais fina e justa por baixo (como um vestido, uma lingerie sexy ou camiseta justa), acrescentar uma camada um pouco mais grossa (um cardigã ou suéter de tricô) e pôr um blazer por cima de tudo. Faça isso direito e irá tranquilamente do início da amanhã até o fim da noite sem medo de pisar na calçada da vergonha. Outras dicas sobre sobreposição: use por baixo peças de diferentes estações para obter mais de seu guarda-roupa e se limite a uma estampa por combinação.

10. **Peça ajuda a especialistas.** As pessoas acham que estilo é um gene com o qual se nasce ou não. Mas até mesmo as envolvidas com o mundo da moda já foram vistas em um ou outro momento com uma péssima aparência. A verdade é que tentam parecer bem e ficam melhores nisso quando se sintonizam mais com o que lhes agrada e afina suas silhuetas. Entendo que muitas mulheres não têm tempo ou energia para investir em aprender a ter a melhor aparência possível. Mas pelo bem de sua carreira — e do resto de nós, que julgamos você subconscientemente — procure ajuda. Peça a uma amiga elegante que dê uma olhada em seu guarda-roupa ou contrate um estilista para uma única consulta. Assine minha newsletter "WORKS style" para recomendações semanais sobre o que vestir. E, finalmente, aproveite os serviços gratuitos de consultoria em moda de lojas como Bloomigdales, Saks, J. Crew e Club Monaco. Esse é um pequeno investimento de tempo cuja recompensa — uma recém-descoberta confiança — vale a pena.

Ok, então, depois de tudo isso, a verdade é que se você se deparar com um idiota que não a aprecia... promove... ou contrata por não aprovar sua aparência — isso é problema *dele*, não seu.

Capítulo 10

Tenha uma vida

Se você está em busca do sucesso, precisa se esforçar. Você será colocada em posições com que apenas sonhava. Pedirão que seu desempenho atinja um nível que você nunca imaginou ser possível. Você se sentirá exposta, exausta e exultante. O nome disso é trabalho duro. Porém, há um ponto muito crítico em que todo seu sacrifício começa a parecer apenas isso — o sacrifício do próprio "eu". E é aí que você está na zona de perigo. Perca-se e perderá tudo.

Para escrever este capítulo, inspirei-me em muitas mulheres com quem me deparo que, após desistirem de tudo por suas carreiras, usam a amargura como um emblema. Em todos esses casos elas acreditaram em uma de três grandes mentiras:

Ele não pode sobreviver sem mim

Sou totalmente a favor de que você faça o possível para se tornar indispensável, mas no fim das contas... você não é. Quando acredita erradamente que você é seu trabalho e seu trabalho só pode ser feito por você, assume uma posição de posse e controle que (a) não é muito divertida (é impossível tomar uns drinques com suas amigas quando você é a única que pode apagar as luzes no escrotório) e (b) impede que você mude para algo maior e melhor. Tire uma noite de folga. Eu lhe garanto que eles *sobreviverão* sem você.

Estou fazendo tudo isso por ele

Seja honesta consigo mesma. Está fazendo isso pelo seu chefe ou para obter a atenção e a compaixão dele? A diferença entre trabalhar duro e ser mártir é totalmente determinada pelo objetivo. Matar-se por um objetivo claro e definido que leva a seu progresso (e o de seu chefe) se chama trabalhar duro. Sacrificar-se como um modo de atingir um fim se chama martírio. Fazer todos saberem que você está trabalhando mais horas do que um relógio Movado é como surtar no Dia dos Namorados — patético. Ninguém gosta de mártires... nem mesmo o chefe que espera que você faça o que for preciso para concluir seu trabalho.

Quando ele/eles/eu ________ ...

Isso é clássico. Quando eu (preencha a lacuna) tirar férias, tiver um filho, telefonar para minha mãe. Na verdade, estou vendo uma grande amiga passar por isso em um relacionamento pessoal e sua lacuna é: quando ele (me deixar). Ela pôs a própria vida em suspenso à espera desse momento importante. O tempo passa rápido demais para você pôr sua vida em suspenso esperando seus filhos crescerem, ele recobrar o juízo ou pelo grande título de CEO. Pode ser que esse momento demore a chegar e enquanto isso há muita vida para ser vivida.

Mantenha as coisas interessantes

Além do fato de você não querer parecer uma perdedora por não ter uma vida fora do escritório, há muitos bons motivos pelos quais é importante tê-la. Assim como ocorre com um homem, sua carreira exige que você obtenha inspiração, estímulo e apoio externo para manter as coisas interessantes.

Faça algo diferente

O único modo de manter a chama acesa é parar de se esconder em seu trabalho e se expor para novas pessoas e situações. Faça um curso, trabalhe como voluntária, pratique *bungee jump*. Mas faça *algo* que não envolva seu escritório.

Acredite na máxima "longe dos olhos, perto do coração"

Falando sério, você enjoaria do George Clooney se precisasse conviver com ele todos os dias. (Bem, talvez não, mas o fato é que...) Independentemente do quanto você gosta do seu trabalho, todos precisam de uma folga — uma chance de se afastar não só irá fazer seu chefe apreciar tudo que você tem a oferecer como também fará com que você se lembre do motivo pelo qual se apaixonou pela profissão que escolheu.

Não seja um peso nas costas

Você acharia que isso não se aplica à sua carreira, mas assim como seu gato não gosta do peso de ser tudo em sua vida, seu chefe também não gosta. É claro que ele quer que você esteja presente e seja responsável, mas não deseja o peso de "ela não é nada sem mim".

Tenha opções melhores

Como você vai saber o que mais existe lá fora se trabalha 24 horas por dia sete dias por semana? Um dos efeitos colaterais mais perigosos de se enterrar no trabalho é acreditar não só que não há outras opções como também que essa é a *melhor* opção para você.

Supere-se

Sim, eu sei. Seu mundo está cheio de gente que a explora. "Preciso disto, me dê aquilo". Isso é familiar. Mas sabe de uma coisa? Há pessoas com problemas muito maiores do que os seus. E não importa o quanto você esteja cansada, ou seu se chefe a irritou, saber que ajudou alguém fará você se sentir melhor. Eis alguns modos pelos quais o voluntariado pode ajudar você... hmm, quero dizer... os outros.

Faz você parecer boa. Ainda não entendeu? Bem, pense na Angelina Jolie. Ela deixou de ser vista como uma garota esquisita que transou com o próprio irmão e usava um frasco com sangue de seu marido no pescoço e se tornou uma Madre Teresa moderna. Em vez de os paparazzi fotografarem todos os seus pequenos passeios, eles a seguem em lugares distantes onde ela ajuda os pobres e adota crianças abandonadas. Nada mau em termos de relações públicas, se é que você me entende. No momento oportuno, não deixe de mencionar que você representa uma boa causa.

Isso é como um bar de solteiros sem os perdedores. A maior parte das boas ações acontece em lugares importantes e atrai pessoas dinâmicas e bem-sucedidas. Os eventos de caridade estão cheios de homens inteligentes solteiros (ou mal casados) que claramente têm um lado sensível. Você não só terá imediatamente algo sobre o que falar (seu compromisso em comum com a despoluição do ar) como, se sua organização promover encontros semanais, tempo para conhecê-lo.

Isso lhe dá a chance de experimentar uma nova habilidade. Talvez você seja péssima em plantar árvores ou conseguir doações, mas o trabalho voluntário lhe dá a chance de testar seus talentos sem pressão. Afinal de contas, você está trabalhando de graça, por isso ninguém espera que consiga arrecadar um milhão da primeira vez.

Isso a faz perceber que você não é o centro do universo. Muitas vezes, quando eu estava desenvolvendo meu negócio, senti-me enjoada e cansada de tentar. Quis desistir. Deixar tudo para trás, encontrar um chalé em algum lugar e ordenhar cabras. (Você sabe ordenhar cabras?) Mas, sempre que eu estava prestes a desistir, conheceria alguém para quem este negócio era importante. O sucesso profissional exige perseverança, vontade de ampliar limites e compromisso. Afinal de contas, tem de haver algo mais nisso tudo do que apenas os seus interesses.

P&R — pedido e resposta

Você pode querer uma vida, mas sua chefe não ter tanta certeza. Como acontece com o homem que é mais um amante ocasional do que um namorado, eis alguns indicadores claros de que você está sendo passada para trás.

O pedido

Uma executiva da administração sênior — que não é sua superior direta — lhe pede para fazer o relatório de despesas dela e depois coloca três meses de recibos em sua escrivaninha.

Sua resposta

Explique que adoraria ajudar, mas primeiro precisa atender às necessidades de sua chefe. Alô, ela não tem a própria assistente?

O pedido

Você ajudou sua chefe a endereçar os convites para o chá de bebê da irmã dela, porque ela estava desesperada. Agora ela quer que você também escreva os bilhetes de agradecimento.

Sua resposta

Pergunte-lhe se gostaria que você escrevesse os bilhetes em vez de trabalhar na apresentação da cliente dela. Espere que ela entenda que você tem mais trabalho de verdade a fazer.

O pedido

Você se oferece para cobrir seu colega enquanto ele estiver de férias — e depois percebe que ele não tocou na maioria das próprias tarefas nos últimos três meses.

Sua resposta

Diga-lhe que embora você não se importe em cobri-lo, não pode fazer o trabalho dele porque já tem trabalho suficiente com que se preocupar.

O pedido

Seu colega lhe pede para trazer um sanduíche para ele no lugar onde você pede e depois se "esquece" de lhe dar o dinheiro para pagar o entregador.

Sua resposta

Diga-lhe que você gostaria de poder lhe pagar o almoço, mas que seu salário mal dá para pagar o seu. Depois espere em frente a escrivaninha dele até que lhe pague.

De volta à vida

Estou observando (invejosamente) uma de minhas amigas lidando com seu novo amor. Ela desaparece nos fins de semana (sem dar notícias), acha adorável o tique de cabeça dele (não é nada adorável e não fala em outra coisa além de o quanto ele é sensível (*zzzzzz*). Daqui a seis semanas (quando ela finalmente cair em si) voltará à sua vida (ao próprio apartamento) e desejará saber aonde iremos sábado à noite (o lugar de costume).

Paixão cega: é fácil vê-la de fora, mas não quando acontece conosco. Para mim, isso frequentemente tem mais a ver com um novo projeto do que com um novo homem, mas muitas vezes voltei do abismo em que fiquei durante 24 horas por dia, sete dias por semana e encontrei amigos e familiares irritados e meu cachorro tendo regredido para a fase de comer meus sapatos.

Quando você finalmente cai das nuvens de um novo e envolvente projeto no trabalho, é hora de fazer ajustes e se reconectar com sua vida fora do escritório. Reserve tempo para as pessoas de quem se esqueceu e siga algumas regras:

Avise às pessoas

Isso pode pegá-la de surpresa, mas se souber de antemão que se ausentará, explique o que pretende fazer e por que é tão importante para você. Isso evitará que coloquem sua foto em um anúncio de desaparecimento ou lhe enviem e-mails perguntando: "Você está viva?" E, se tudo der certo, seus amigos e familiares ficarão animados com sua nova aventura e estarão menos ressentidos quando você voltar.

Agradeça

Assim que você voltar, pegue caneta e papel. (Deixe as atualizações do status do Facebook e o monte de e-mails para depois.) Às vezes tudo que é preciso para consertar algo é um pequeno pedido de desculpas e agradecimento. Escreva um bilhete sincero agradecendo aos seus amigos por apoiarem você e lhes dizendo que está ansiosa para ter notícias deles. E não deixe atendê-los quando telefonarem.

Morda sua língua

Você teve sua vez; agora é a deles e esteja pronta para ouvir. Apesar do fato de que adoraria falar sem parar sobre todos os seus sucessos (e o quanto se esforçou por eles), controle-se. Não mencione aquela palavra de oito letras (t-r-a-b-a-l-h-o). Deixe-os falar.

Você precisa ter uma vida?

E difícil saber quando você não tem uma vida. Eis alguns sinais:

- ❑ Seus olhos se esqueceram de como se ajustar à luz natural.
- ❑ Fazer xixi é um contratempo.
- ❑ Ir até a xerox e voltar conta como exercício.
- ❑ As pessoas nas fotografias em sua escrivaninha erguem o dedo do meio para você.
- ❑ Quando sua mãe lhe telefona, você lhe diz que tem uma "parada obrigatória" às oito.
- ❑ Você interrompe o sexo para checar seu BlackBerry.
- ❑ Você para de dar descarga na privada em casa porque se esquece de que não é automática.
- ❑ Faz um discurso para o entregador sobre como o atraso dele influi no resultado final.
- ❑ Seu modo favorito de relaxar é organizar seus e-mails.

- ❑ Escreve textos para os amigos com "atenciosamente" e "aguardo ansiosamente nosso reencontro".
- ❑ O cara da contabilidade que fala cuspindo começa a parecer maravilhoso

Capítulo 11

Não entregue seu leite de graça

Era uma vez uma bela e brilhante princesa (funcionária/vaca) que entregou seu coração e sua alma para seu amado príncipe (chefe). Na esperança de receber uma proposta de casamento (promoção), fazia tudo que podia para agradá-lo (se matava de trabalhar) e nunca pedia nada em troca (entregava de graça). Um dia, o rapaz que cuidava do estábulo e era o braço direito dele lhe perguntou: "Por que você não compra a vaca?"

Ele respondeu: "Para que, se posso ter o leite de graça?"

De todas as regras de conquista que selecionei para este livro, esta é a clássica. Há séculos mulheres em todo o mundo incentivam suas garotinhas a esperar pelo compromisso, e por um bom motivo: isso funciona. Deixe-me explicar.

- Em qualquer situação na qual você deseja uma proposta (casamento, aumento, trabalho, promoção) é preciso haver um "preço" pela troca.
- O preço é uma via de mão dupla. Há o custo de fazer a proposta (trabalho, aliança, dinheiro) e o de não fazê-la (você procurar a concorrência).
- E eis o argumento decisivo: o preço de você ir embora (não fazer a proposta) tem de ser mais alto (mais doloroso) do que o preço de convencê-la a ficar.

Seja com seu gato ou com seu chefe, se você quiser obter algo do relacionamento, precisa saber três coisas: como estabelecer, negociar e obter seu preço.

Quanto você custa?

Não se engane, todos têm um preço. Um dos maiores erros que você pode cometer é deixar os outros definirem qual é seu valor no mercado — o que está disposta a aceitar ou não. Certamente você buscará informações e inspiração dos outros. E é claro que seu preço mudará como passar do tempo, mas o ponto principal é que estabelecê-lo é algo que você precisa fazer por si mesma. Se não se sentir bem remunerada, se ressentirá sempre que um cliente ou colega lhe der algo para fazer. Isso definitivamente não é uma receita para o sucesso — seu e deles.

Estabeleça seu preço

O preço é definido como o custo pelo qual se obtém algo. Gosto dessa definição porque "custo" se refere a uma transação. É claro que há mais a considerar em uma oportunidade profissional do que apenas dinheiro (paixão, relacionamentos, oportunidade de influenciar e fazer o bem para os outros, flexibilidade), mas para a maioria das mulheres isso é o mais difícil. Não é fácil atribuir um valor a nós mesmas, mas é absolutamente necessário. O que será preciso para comprar seu talento?

- **Acentue os pontos fortes.** Todos nós temos defeitos, mas quem estabelece o preço pode disfarçá-los salientando seus pontos fortes. E daí que você não é exatamente maníaca por limpeza? Sua lasanha maravilhosa e libido selvagem o farão esquecer totalmente dos pratos sujos empilhados na pia. Você precisa defender a ideia de que seus melhores atributos são da máxima importância para o trabalho. Diga no que é boa.

- **Exija um bônus.** Talvez de 10 ou 20%, dependendo do setor, de sua experiência e coragem. O fato é que você precisará argumentar que vale mais do que os outros. Se tiver habilidades, conhecimento, treinamento e reputação, valorize-se. Você ensina ao seu namorado como tratá-la estabelecendo um padrão das coisas que tolerará ou não, e deve fazer o mesmo nos negócios. Se mostrar que se valoriza, as pessoas tenderão a chegar a um preço mais próximo do que você pediu. E lembre-se: a pior coisa que podem dizer é não.
- **Exagere a verdade.** Se você estiver em uma entrevista de emprego e um possível empregador lhe perguntar qual é seu salário atual, essa não é a hora de ser honesta. Aumente-o uns 10 ou 15%. Sempre presumo que alguém que aumenta o que ganha dá espaço para negociação. Só não vá longe demais. Duplicar seu salário ou pedir um benefício absurdo (como um serviço de carro para levá-la para o trabalho todas as manhãs) fará você sair do escritório debaixo de risos — especialmente em uma situação econômica ruim.

Truque do negócio: a honestidade (pelo menos consigo mesma) é a única política

Para estabelecer seu preço, você precisa ser honesta consigo mesma. Se quer uma aliança, quer uma aliança. Se quer ser famosa, quer ser famosa. Se quer parar de trabalhar com 30 anos para ter filhos, quer parar de trabalhar com 30 para ter filhos. Afinal de contas, você náo pode estabelecer seu preço sem saber o que quer. Muitas mulheres me dizem que não sabem o que querem... mas elas sabem; só têm muito medo ou vergonha de dizer. Seja dizendo em voz alta ou para si mesma, seja honesta em relação ao que quer. Esse é o segredo não só para estabelecer seu preço como para ter mais controle sobre o que está disposta a sacrificar para consegui-lo.

Negociando seu preço

A menos que você queira comprar sua própria aliança de noivado ou assinar seu próprio pagamento, há outro passo nesse processo de compra. Seu preço é um número transacional e, embora precise ser estabelecido primeiro em sua mente, ele não significa nada sem criar valor. Para que algo tenha valor, alguém precisa estar disposto a comprá-lo. Em um mundo ideal, o que vendemos está alinhado com o que compramos, mas esse raramente é o caso. Independentemente de você estar negociando um novo emprego ou um aumento, você precisa negociar um compromisso. Eis como:

Ponha as cartas na mesa

Seu chefe não lê pensamentos. Você precisa tornar seu preço conhecido.

A hora é essa

Quanto mais você esperar e entregar seu leite de graça, mais difícil será selar o acordo. Não só ele ficará acostumado com o estado atual das coisas como se ressentirá de ser pressionado a pagar.

Tenha calma

Sou totalmente a favor de que você se expresse com paixão e certa firmeza, mas evite se tornar uma lunática furiosa. Ter um ataque de loucura só o fará se perguntar se isso é realmente o que ele quer para si mesmo.

Ouça e aprenda

Acredite ou não, nem tudo tem a ver com você. Ele também tem um preço. Depois de você dizer o que espera do relacionamento, pare de falar e ouça o que ele espera. Você pode não estar tão longe de um acordo como pensava, ou talvez esteja fazendo tudo errado. Seja como for, você não conseguirá o que quer sem ouvir e entender o lado dele.

Concessões mútuas

Ultimamente tenho aprendido muito sobre negociação e uma das minhas descobertas mais interessantes é que com frequência isso não tem a ver apenas com dinheiro (ou o escritório de luxo... ou a proposta), mas com muitas outras coisas envolvidas — como lealdade (sigilo), compromisso (não competir) e oportunidade (bônus). Quanto mais você estiver disposta a oferecer, mais tenderá a receber.

Outras coisas negociáveis

Talvez um aumento seja o objetivo máximo, mas há outras coisas valiosas que você pode pedir. Pense nisso como em preliminares — não envolvem muita pressão, mas a recompensa pode ser igualmente gratificante.

BlackBerry. O custo anual de se manter bem conectada é de cerca de R$1.200 por ano. Talvez isso não lhe permita nenhuma desculpa para não estar disponível, mas pelo menos você poderá ter atualizações de *US Weekly* a qualquer hora do dia.

Reembolso de despesas com transporte. Uma economia de R$150 ao mês se você usar o metrô; ou cerca de R$300 por mês com combustível se dirigir 15km para o trabalho. Quem disse que nada de bom pode ser conseguido de graça?

Um dia por semana trabalhando em casa. Uma hora a mais de seu tempo para gastar produtivamente, uma redução nos custos de transporte e poder fugir de um chefe mala... Quanto isso vale para você?

Direito a academia de ginástica. Não será bom para a imagem da empresa você não conseguir espremer seu traseiro gordo na cadeira da sala de reuniões de um cliente. Por mais R$150 a R$400 ficará em ótima forma.

Plano de saúde. Caro para os freelancers, um plano de saúde básico pode custar R$300 a R$500 por mês. Peça-o e isso representará R$3.600 a R$6.000 a mais em seu bolso.

Licença. Digamos que você ganhe R$3.000 por mês — são R$100 por dia. Negocie uma licença extra remunerada de uma semana e valerá R$500 a mais do que valia ontem.

Laptop. Cerca de R$1.200 — um bom bônus. Melhor ainda porque não haverá mais nenhum motivo para você ficar no escritório depois das seis... Exploradores!

Instrução. Um único seminário, uma aula noturna, todo um MBA... O custo para o empregador pode variar, mas para você a instrução (e obter um mestrado) pode abrir portas que nunca imaginou.

Preservação do meio ambiente. Pegar carona, ir de bicicleta para o trabalho, usar um sistema de arquivamento que não exija papel... Algumas empresas oferecem bônus para quem segue diretrizes verdes ou desenvolve sistemas que não agridem o meio ambiente. Coxas mais definidas? Ausência de papelada? Quando você adota o verde, nunca se arrepende.

Dê uma pequena amostra

É claro que há momentos em que você precisa dar uma amostra grátis, mas o segredo é não exagerar e deixá-lo querendo mais. Há uma linha fina entre o que é grátis e o que é cobrado.

- **Grátis:** sua crítica ou avaliação de uma nova estratégia de marketing.
- **Cobrado:** criar e implementar a referida estratégia.

- **Grátis:** fazer uma mudança de última hora em um projeto para ele.
- **Cobrado:** fazer dez mudanças.

- **Grátis:** ler o novo romance dela antes que o envie para um agente.
- **Cobrado:** escrever o romance para ela.

- **Grátis:** trabalhar algumas horas a mais.
- **Cobrado:** trabalhar quarenta horas a mais.

- **Grátis:** esboçar um projeto para ele ver seu estilo e sua estética.
- **Cobrado:** fazer mudanças repetidas no esboço antes de ele concordar em contratá-la.

Indo embora

Sei que isso parece muito simplista, mas garanto-lhe que o modo mais rápido e eficaz de você conseguir o que quer é estar disposta a ir embora (não importa o quanto queira ficar). Se a ameaça de levar seu talento e brilho para o concorrente não for suficiente para ele prender você junto a ele e lhe dar o que você quer, ele não está interessado em você.

Capítulo 12

Não canse sua beleza

Eles não têm dinheiro? A entrevista foi brilhante mas decidiram terceirizar a vaga? Não retornam seus telefonemas? Sim, ele simplesmente não está interessado em você. A verdade é que para a pessoa certa sempre há dinheiro, uma abertura, um telefonema. Não canse sua beleza.

Conheço muitas mulheres no final da casa dos 20 ou início da casa dos 40 que lamentam ter ficado com o homem errado por tempo demais. Sim, é claro que você pode encontrar amor e alavancar sua carreira na casa dos 50, 60 e até mesmo depois disso, mas vamos ser francas: você tem muitos anos de trabalho pela frente no auge do seu desempenho e não quero que os desperdice com um idiota que não aprecia tudo que tem a oferecer.

Como minha mãe dizia: há muitos peixes no mar.

Poderia ser pior, não é?

Medo de ferir seus sentimentos, algo mais importante a fazer, a proximidade das férias, não encontrou a pessoa certa para ocupar sua posição — seja qual for o motivo, seu chefe não toma a iniciativa do rompimento. Não é que ele seja cruel ou que você vá sair porta afora. Em vez disso, esse é um tipo de complacência que a faz pensar que "poderia ser pior" quando, na verdade, o que poderia ser pior do que ser levada a acreditar que há algo pelo qual vale a pena ficar quando não há? Isso faz você desperdiçar seu tempo, sua energia e sua vida. Se ele não tem coragem de admitir que não está interessado, eis os sinais de que você precisa tomar a iniciativa do rompimento.

Nenhuma crítica

Ainda que seu desempenho não venha sendo ótimo e nada possa ser feito para melhorá-lo, o feedback é um indicador crucial de que ele está investindo em você. Também indica quando seu namorado ainda está interessado. Ele não se daria ao trabalho de sugerir novos modos de fazer coisas se não achasse que haverá uma próxima vez. Portanto, se há semanas, meses ou anos você não recebe nenhuma crítica positiva (ou negativa), considere isso um sinal. E não pense que é porque ele se esqueceu — não se esqueceu. É só que ele, como o resto de nós, detesta dar más notícias e só está adiando o inevitável.

Nenhuma recompensa

A sugestão de um dia de folga, o presente de uma ida ao spa, pedir ao motorista dele que a leve para casa depois de terem ficado juntos até tarde, um cartão de aniversário — mesmo se um grande bônus não estiver no orçamento, você deveria obter uma pequena recompensa por seus esforços. Já notou como um homem fica ansioso para enchê-la de presentes no início do relacionamento? Então, quando a paixão diminui, as recompensas também diminuem. Embora provavelmente você não esteja dormindo com seu chefe (mas, se estiver, esta regra se aplica duplamente), ele ainda lhe deve reciprocidade. Por isso, se não tem floreado as coisas para mantê-la interessada, pode apostar seu último centavo que ele está entusiasmado com outra pessoa.

Nenhuma conexão

Um sinal claro de que seu chefe não está interessado em você? Ele não a apresenta a ninguém. Não a convida para reuniões com novos clientes, não lhe pede para agradar vendedores e definitivamente a mantém afastada do chefe dele. Quando um homem está interessado em você, ele a exibe — leva para festas, convida para passar feriados na casa dele e quer ser visto com você em público. Se ele não deseja exibi-la, ou você está na porta da rua ou ele a está comparando com alguém prestes a ocupar seu lugar.

Nenhuma reserva em restaurantes

Comer na companhia de alguém é um ato particular e primitivo de criar confiança que remonta ao tempo das cavernas. Pode-se aprender muito sobre as pessoas durante um jantar — o modo como foram criadas, seus gostos, a consideração que têm pelo outros... Uma profunda conversa íntima pode ocorrer em uma refeição sem que nenhuma palavra seja dita. O fato é que, se ele estiver interessado em você, investirá tempo e dinheiro para conhecê-la melhor no contexto de uma bebida ou de uma refeição. Até mesmo o mais recluso dos chefes não a manterá presa à sua escrivaninha comendo quentinhas para sempre.

Nenhuma responsabilidade

Por ele tudo bem se você só aparecer a cada duas noites. Ah, e se você esquecer de telefonar? Também não tem nenhum problema — ele não ficou preocupado. Embora isso possa parecer amor incondicional, um homem que nunca a responsabiliza pelo que você faz de errado não dá a mínima para você. De igual modo, um chefe que a exime de responsabilidades ou nunca as delega para você só a está mantendo por perto até encontrar alguém melhor.

Nenhum espaço

Ok, você tem um desempenho estelar. Supera suas metas todos os meses e ainda divide um cubículo com sua assistente preguiçosa que tem um protetor de tela com som apresentando as fotos mais glamourosas de seu gato. As pessoas de seu nível em outros departamentos têm escritórios de verdade, com quatro paredes sólidas e uma porta para fechar. Ou pelo menos têm seus próprios cubículos sem uma maníaca que fica mascando chiclete, cantarolando e ouvindo mensagens no viva voz. Você não tem uma janela, mas a estagiária que ficará na empresa apenas durante o verão tem? Sua mesa fica em cima da saída da calefação e por isso seu terninho da Theory fica encharcado de suor até mesmo no inverno? Talvez você possua um ótimo título, que impressione em um encontro com clientes, mas onde se senta mostra o que seu chefe realmente pensa de você. Ele está lhe enviando uma mensagem, e a mensagem é "vá embora".

Mudando a maré a seu favor

O choque de não ser valorizada no escritório pode ser ainda maior do que o de ser rejeitada em um bar — porque no escritório não é preciso escolher apenas uma pessoa. Vejo mulheres adultas desesperadas e fazendo loucuras na esperança de conquistar apoio. Se você não tiver a opção de ir embora e não quiser piorar ainda mais a situação, siga estes passos:

Deixe que ele a procure

Falamos sem parar sobre isso, mas pense na psicologia reversa. Finja que você não poderia se importar menos (de preferência não se importe) e ela a procurará correndo. Como ocorre com crianças e animais, quanto mais você quer brincar, mais eles se afastam. Recue e lhe dê um pouco de espaço.

Seja a mais popular

Assim como qualquer homem competitivo e com sangue quente reconsiderará sua decisão de deixá-la se a vir com seu novo gato (preferivelmente mais alto, mais gostoso, mais inteligente e mais rico), sua nêmese vai reconsiderar seu ponto de vista quando vir seus colegas (preferivelmente superiores a ela) bajulando-a. Mesmo se continuar a detestá-la, sua chefe vai lhe dar a distância necessária e respeitá-la temendo aborrecimentos.

Faça a pergunta...

"Como você lidaria com essa situação?" Raramente alguém não se envaidece quando não lhe pedem não só sua opinião, como também para partilhar sua experiência. O truque é pronunciar a frase do modo certo para não parecer irônica e fazer com que ele a deteste ainda mais.

O último recurso

Recomendo-o com certa cautela. Como seu último recurso, pergunte: "Você tem um problema comigo?" O risco é ela não ter — até agora, quando percebeu que você é uma perdedora. O único motivo pelo qual acho que o risco vale a pena (especialmente para aquelas de vocês que são detestadas por muitos) é que, embora você pareça perder a batalha (a afeição dele para sempre), pode ganhar a guerra (finalmente descobrir o que está fazendo de errado). Há muitas mulheres extremamente talentosas que teriam muito mais pessoas interessadas nelas se soubessem disso.

Por que ele não está interessado em você

Estou assustada. Estou sempre esbarrando na mesma mulher. Ela está no início da casa dos 40. Tem um cachorro ou muitos gatos. Teve um relacionamento importante no início da casa dos 30 e desistiu dele na esperança de algo mais... que ainda não veio. Está pensando em inseminação ou adoção. Irritada, não consegue descobrir por que continua sozinha. (Dica: seu desespero é visível e faz com que todas as criaturas vivas queiram fugir de você)

Vejo essa mulher (amarga, que acha que o problema sempre é dos outros, arrogante, rude) no espaço profissional há anos, mas quando vacilo, à beira de me tornar esta mesma garota, sozinha, seca e irritada com o cachorro, encontro incentivo de lhe dizer a dura verdade sobre por que ele não está interessado em você.

Você é uma sabe-tudo

Estou trabalhando com uma mulher que tem essa doença. Eu lhe apresento uma nova perspectiva (ela me contratou sim, devido à minha experiência) e ela me interrompe com: "Eu sei... eu sei... eu sei."

Dica: você *não* sabe e nem *nunca* saberá porque não ouve. O motivo de não progredir em sua carreira é que não é esperta o bastante para calar a boca e aprender algo novo. E essa sua atitude condescendente? Faz as pessoas quererem derrubá-la.

Você é acusadora

Conheço essa mulher — é a que acredita que seu fracasso tem tudo a ver com o divórcio dos pais, não ter conseguido ir para Harvard (ou ser aceita) e que a atual do seu ex-namorado telefonou para seu chefe e sabotou sua chance de promoção.

Dica: a verdade é que ninguém a está perseguindo. Você está tão envolvida em teorias conspiratórias que nem mesmo aparecem no radar. Ninguém se importa tanto com você para perder seu tempo tentando prejudicá-la. E você é a única responsável por não estar chegando a lugar algum.

Você é arrogante

Não faço café.

Dica: ah, faz, sim, e com um sorriso no rosto. Seu cargo é o de assistente e você está sendo observada há três semanas. Somos uma equipe aqui e se lhe pedirem para pular, a única resposta aceitável é: "A que altura?" Recuse-se a fazer as coisas pequenas e nunca lhe pedirão para fazer as grandes.

Você é uma mártir

Por favor, por favor, não se torne essa mulher — a que desistiu de tudo (leia-se: marido, filhos, felicidade) pelo trabalho e para a qual ninguém — quero dizer ninguém — dá a mínima.

Dica: o fato de você ficar no escritório até as 23h todas as noites não é algo para se orgulhar. Na verdade, todos nós a consideramos uma perdedora e a usamos como um modelo de quem não queremos nos tornar. Sou totalmente a favor de trabalhar duro, mas o truque é *não* falar sobre isso. Se você realmente é muito esforçada, deixe que os outros percebem isso. E depois, quando comentarem o quanto você trabalha, responda: "Isso não é nada."

Não canse sua beleza

Não cansar a beleza é uma via de mão dupla, e há algumas pessoas no escritório de quem você não precisa gostar:

A preguiçosa: estenda-lhe a mão e ela vai querer o braço inteiro. Você tem seu próprio trabalho para fazer e embora eu não esteja sugerindo que jogue o traseiro preguiçoso dela debaixo de um ônibus, alimentar a preguiça dessa pessoa só vai alavancar uma carreira — que não será a sua.

A promíscua: todos já saíram com ela e você não quer saber dos detalhes picantes.

A sanguessuga: essa vai sugar você, se você deixar. Vamos almoçar, vamos tomar uns drinques, vamos nos sentar perto uma da outra em todas as reuniões. Caia fora enquanto pode.

A bêbada: certamente ela é o centro da festa, mas se você ficar ao lado dela as pessoas começarão a achar que gosta tanto de beber quanto ela — o que pode ou não ser verdade. Não há nenhum problema em querer se divertir, mas faça isso com suas amigas, não com colegas de trabalho.

A intimidadora: ela a faz ter a impressão de que voltou ao pátio da escola primária, só que desta vez você sabe que a intimidadora é apenas uma pessoa infeliz e insegura que gosta de fazer os outros se sentirem tão mal quanto ela. Faça-a saber que não aceitará isso. E não aceite.

Capítulo 13

Pare com os drinques

Essa é uma regra que você diria que é tão óbvia que não vale a pena mencionar, mas quero que arranque esta página, a coloque em sua carteira e da próxima vez em que for a um bar com colegas e pegar seu cartão de crédito para começar a fazer um pedido, leia isso de novo. *Pare com os drinques.* Ninguém gosta de bêbados — eles são desleixados, exigem atenção e têm língua solta. Isso é constrangedor e, ao contrário de seus amigos e familiares, seus colegas realmente não precisam respeitá-la manhã seguinte.

Almoços de negócios, drinques depois do trabalho e jantares beneficentes são ótimas oportunidades de construir relacionamentos e criar sucesso. Com isso em mente, direi tudo que você precisa saber sobre jantares sociais, networking e bebida — quando é importante pedir um drinque e quando é importante não pedir.

Beba com moderação

Apesar de tê-la assustado e com isso tê-la levado à sobriedade (não posso acreditar!), não estou dizendo que você não pode tirar proveito daquela única taça de vinho que aumenta sua coragem. Estou dizendo que você precisa conhecer seu limite e, ainda mais importante, não ultrapassá-lo. Beber demais ameaça sua credibilidade mais rápido do que dizer: "Mais uma!". Eis algumas regras básicas:

Saiba quando parar

Tendo pais que faziam vista grossa a um ocasional furto de cerveja, quando entrei na universidade tinha experimentado minha cota justa de tonturas, indução de vômito e experiências de não me lembrar de ter beijado rapazes. Mas na primeira vez em que voltei para casa e vi minha colega de quarto fazendo xixi no canto de nosso quarto, fiquei um pouco surpresa. O segredo para tomar um drinque, ou até mesmo dois, é conhecer seu limite. E a festa de fim de ano do escritório não é onde você deve testá-lo. Se já faz tempo que não testa sua tolerância ao álcool, telefone para suas amigas.

Não acompanhe os rapazes

Sim, geralmente eles pesam 20 a 30kg a mais do que você, por isso não é uma boa ideia acompanhá-los. Esse é o caso em que você não deve competir com eles.

Um tempo para tudo

Eu estava experimentando uma nova dieta que exigia abstenção de álcool quando aprendi o quanto realmente pode ser delicado o equilíbrio de acompanhar um namorado ou colega em uma bebida. O problema é que se vocês estão sozinhos e ele quer um drinque, talvez ele se sinta um pouco julgado se você recusar. Sabe o que dizem sobre homens que bebem sozinhos. Você pode pedir um drinque, dar um gole e deixar o resto (se ele lhe perguntar se você não quer mais e estender o braço sobre a mesa para pegar o resto do seu copo, realmente o cara tem um problema) ou apenas dizer que gostaria de poder beber, mas não pode.

Se beber não dirija

Nem pense em beber e dirigir. Isso é suicídio profissional. É o fim da linha se você morre ou, Deus me livre, mata alguém. E não se esqueça de que muitas empresas pesquisam antecedentes criminais e, sim, a infração que você cometeu aos 22 anos quando bebeu e dirigiu ainda consta lá.

Por que não

Nós falamos sobre como tomar um ou dois drinques, mas vou deixar claro por que três é uma má ideia. O que me preocupa é você entornar muitas taças de champanhe apenas para vomitar, dançar feito uma idiota, ser carregada para fora do bar ou se virar para ir ao encontro do seu chefe. O problema com a bebida é que ela faz com que você se sinta o máximo, mas você não é. Isso se chama intoxicação alcoólica por um motivo — você está fora de si. Tudo que precisa fazer para se curar da síndrome do "abuso de álcool" é ficar sóbria... e atenta aos sinais de embriaguez a seguir.

Língua solta

O álcool desinibe, e embora a princípio isso pareça bom, em última análise impede o pensamento e comportamento racional. O que começa como uma brincadeira com colegas logo se torna "você é um idiota e todo mundo acha isso". Seja revelando uma informação íntima demais sobre você ou sobre os outros, a língua solta afunda carreiras. A bebida a faz mostrar sua verdadeira personalidade e ninguém realmente se importa (ou concorda) com você ser a única que mantém a empresa unida ou ter vontade de dar (ou, pior ainda, ter dado) um tapa na cara da Emily.

Totalmente solta

Tome alguns drinques e não será apenas sua língua que ficará solta. Depois de algumas cervejas o Ralph, da contabilidade (que você nunca tinha notado na vida), parece maravilhoso e você decide levá-lo para casa para a sobremesa. Não é preciso dizer mais nada.

Espelho, espelho meu

Apelarei para a vaidade de todas nós. Ao sair à noite, você já deixou seu apartamento com uma última olhada no espelho e pensou: "Estou bonita?" E horas e muitos drinques depois foi para o banheiro, olhou para o espelho e se perguntou? "O que aconteceu?" Eis o que aconteceu: beber lhe deixa feia.

A manhã seguinte

Se você não seguiu meu conselho e bebeu demais, os remédios para a ressaca são os mesmos em um domingo ou uma terça-feira, com algumas ressalvas.

Em primeiro lugar, tudo tem a ver com prevenção. Se às 23h você estiver se divertindo muito e souber que vai apagar, comece a se hidratar e programe o alarme de seu BlackBerry para duas horas antes de ter de acordar. Você desejará morrer quando o alarme tocar, mas levante-se, tome um grande copo de água e alguns comprimidos e eu lhe garanto que pelo menos conseguirá funcionar no escritório.

E é exatamente no escritório que você precisa estar, independentemente do quanto se sinta mal. Nem sonhe em telefonar dizendo que está doente se (a) você contou a *qualquer pessoa* no trabalho que ia sair para uma noitada ou (b) há uma mínima chance de alguém (cliente, colega, vendedor) do trabalho tê-la visto enchendo a cara de tequila Pátron. O que realmente significa que, a menos que você esteja a caminho do hospital, deve ir trabalhar.

E quando você finalmente chegar ao bebedouro, fique em silêncio. Não pega bem ressaltar a farra da noite anterior, principalmente se saiu com colegas e ainda mais se fez o papel de idiota. Na universidade podia ser divertido dizer "E você se lembra de quando entrei no bar?", mas você não está mais na universidade, querida. Seja uma adulta e aguente firme.

Refeições proveitosas

Recebi as duas propostas mais relevantes de minha vida durante refeições. Em algum momento entre a cesta de pão e tigela fumegante de macarrão (adoro carboidratos), recebi a proposta de uma parceria de negócios e um anel de noivado com um diamante de cinco quilates. Não do mesmo homem, e aceitei uma e não a outra (espero ter escolhido certo). Além de suprir a necessidade de alimento, as refeições são momentos para fazer declarações, negociar ofertas e criar oportunidades sem precedentes de se tornar conhecida. Embora nem todas as refeições sejam iguais, as regras à mesa sempre são as mesmas.

Café da manhã: você não está pronta para um compromisso

O equivalente a tomar um café com alguém; geralmente uma primeira opção de encontro segura porque representa o menor compromisso, do ponto de vista de orçamento e tempo. As pessoas querem adiantar seu dia e café da manhã normalmente é a mais breve — não dá pra pedir três pratos diferentes... ou um drinque.

Almoço: passar a conhecer você

É como uma noite de quarta-feira ou um segundo encontro; as coisas são um pouco mais sérias, mas você ainda as está sondando. Embora um pouco mais longo do que um encontro no café da manhã e mais curto do que um no jantar, o almoço ainda é a refeição menos relaxada porque você geralmente tem pressa de voltar para o escritório. Pense na possibilidade de fazer um lanche antes para poder passar mais tempo conversando do que comendo.

Jantar: entrando no território da seriedade

Você finalmente chegou ao que é mais como uma noite de sábado ou um terceiro encontro. No mundo dos encontros, o jantar costuma ser um longo tempo para se passar com alguém e a expectativa é a de fechar o negócio! Você pode seguir o exemplo de seu acompanhante e pedir uma bebida, mas saiba que a conversa geralmente fica mais pessoal depois de alguns drinques. Pode baixar um pouco a guarda, mas esse ainda não é o lugar para elogiar seu novo vibrador. Seja respeitosa e se mantenha dentro dos limites apropriados, o que é difícil quando você está bêbada.

Não importa se você está comendo um bagel ou um bife, se não tiver modos a proposta não será feita. Mas sei como é, até mesmo eu acabo em situações em que me pergunto: "O que a Srta. de Bons Modos deve fazer?" Em um jantar importante a comida chegou à mesa e meu convidado precisou ir ao banheiro. Dez minutos e um bife morno depois, pensei: "Ah, Deus, posso começar a comer?" (Dali a mais dez minutos decidi que sim.) Embora certas situações exijam intuição, há algumas regras rígidas à mesa.

Depois de você

Se você estiver almoçando com um homem, as chances são de que ele a deixe fazer o pedido primeiro, por uma questão de cavalheirismo. Se vocês duas forem mulheres, a pessoa que estiver pagando (ou em uma posição superior) deverá fazer o pedido primeiro. Use isso como uma indicação do que você deveria pedir. Se ela pedir um aperitivo ou uma taça de vinho, sinta-se à vontade para fazer o mesmo.

Você gostaria de um café?

É claro que sim, mas se sua companhia já estiver no BlackBerry, recuse educadamente e passe pela cafeteria no caminho de volta para o escritório.

Escolha seu veneno

Não há nenhum problema em pedir uma taça de vinho, especialmente se a pessoa que a acompanha a pedir primeiro, mas qualquer coisa mais forte do que isso a fará parecer uma bêbada (tomar três martinis no almoço é tão 1975!). Beba refrigerante, água ou café.

Pegando a conta

Um dos momentos mais desconfortáveis de um primeiro encontro é quando a conta chega. Ele a pegará? (Hmm, é melhor que faça isso se quiser vê-la de novo.) Você deveria se oferecer para pagar sua parte? (Sim, deveria pelo menos se oferecer.) O mesmo vale para um encontro de negócios, especialmente porque pode dar terrivelmente errado.

A regra geral é que se foi você quem fez o convite você deve pagar a conta. Mas isso pode ser complicado se a pessoa convidada for mais velha do que você. Algumas pessoas (os tipos da velha guarda que em nenhuma situação seriam vistos sem meias... no verão) se ofendem se você tenta pagar a conta. Veem isso como um jogo de poder — com regras de ouro — e uma novata como você precisa conhecer seu lugar.

Esta é uma história verídica de uma amiga minha: vários anos atrás, ela e sua chefe foram ao encontro de clientes para tomar uns drinques. A chefe lhe disse para ir na frente porque estava atrasada e quando a garçonete pediu o cartão de crédito para começar a fazer os pedidos minha amiga prontamente lhe entregou seu próprio Visa. No final da tarde, quando chegou a hora de pagar a conta, minha amiga disse à garçonete que podia pagá-la com seu cartão de crédito. A chefe se virou para ela com um olhar furioso de quem defende seu território e disparou: "Você vai pagar com seu cartão? Não, eu pagarei com o meu." Isso foi na frente dos clientes, que ficaram olhando como se preferissem estar em um concerto de Ashley Simpson a assistir àquela cena. No dia seguinte, minha amiga foi repreendida por ser insubordinada.

É claro que a chefe tinha problemas de insegurança, mas isso nos leva a um ponto interessante. Quando você sair com um funcionário sênior de sua empresa, simplesmente siga a orientação dele. Não vale a pena brigar para pagar o *fois gras*. Mas quando uma funcionária júnior a convidar para tomar um café porque quer que lhe dê um conselho, pode deixá-la pagar seu latte desnatado. Seu tempo é valioso. E uma xícara de café não vai deixá-la mais pobre.

E há aqueles momentos em que a equipe vai a uma *happy hour* depois do trabalho. Você é a chefe e eles trabalham duro, por isso pegue seu cartão de crédito para fazer os pedidos. Três horas — e R$300 — depois, eles ainda estão firmes e fortes? Nesse ponto você precisa interrompê-los ou pelo menos fazê-los saber que a próxima vodca com água tônica será por conta deles. Eles estarão bêbados demais para se importar.

Capítulo 14

Seja breve

Esse é um espetáculo que você verá em qualquer bar em uma noite de sábado. Do outro lado da sala, ela olha para ele... e ele olha para ela. Ela ri, joga a cabeça para trás e passa os dedos pelos cabelos. Ele abaixa o queixo e faz contato visual. Ela ergue sua taça e finge um brinde. Ele se aproxima. Eles juntam suas mesas... cadeiras... corpos. Ela bebe. Eles se beijam. Ele vai embora. Sozinho.

Um dos maiores erros que vejo em reuniões, entrevistas, negociações e encontros é que as pessoas não são espertas o suficiente para ir embora enquanto as coisas ainda estão boas. Se você quiser causar uma impressão, deixe-os esperando mais.

Divida em partes

Como ocorre com qualquer ótima história, há três pontos críticos (ou Atos) que compõem um encontro. Cada Ato tem um objetivo e fluxo distintos. Há um começo (Passar a me conhecer), meio (Clímax) e fim (Saia daqui); e quanto mais você souber o que quer que fique dentro ou fora de cada cena, melhor.

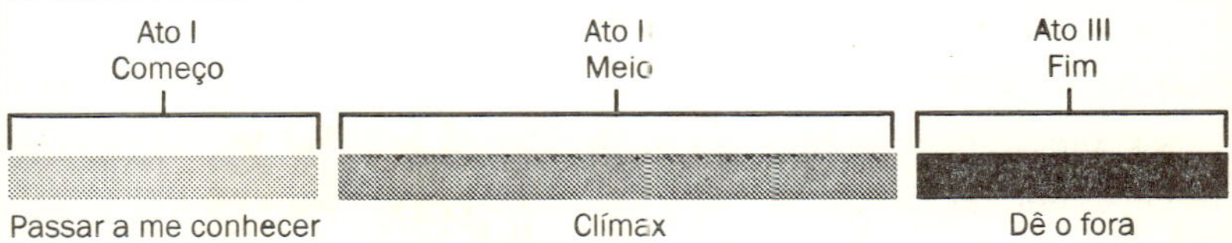

Estrutura de um encontro

Ato I — passar a me conhecer

O primeiro Ato de qualquer encontro é crucial. Não só porque define rumos como também porque a pessoa do outro lado da escrivaninha está fazendo tudo ao seu alcance para avaliar você o mais rapidamente possível. Observa tudo, da sua postura ao seu penteado. As primeiras impressões são duradouras, por isso que é neste momento que você deixa sua marca e se coloca em uma posição vantajosa. Não há por que entrar nessa fase sem preparação. Você precisa saber algo sobre a pessoa e a empresa para estabelecer imediatamente um nível tribal do tipo "ela é como eu". Eis sua lista de verificação antes do encontro:

Brilho: quando você estiver quase chegando, reaplique um pouco de brilho labial... uma injeção de confiança que vem em um tubo.

Tecnologia: telefone celular, iPod, BlackBerry, seja qual for seu aparelho do dia, desligue-o ou o coloque no silencioso (não no modo de vibrar, porque é igualmente barulhento e ainda mais inconveniente quando toca).

Cabelos: certifique-se de que seu cabelo está puxado para trás e fora do seu rosto para não ter de ficar afastando-o enquanto tenta se concentrar.

Aperto de mão: as pessoas tendem a reparar menos em piercings visíveis do que em um aperto de mão ineficaz, segundo uma pesquisa de profissionais de recursos humanos. Seque suas palmas pegajosas antes de entrar (passá-las por um secador de mãos após limpá-las com uma toalha descartável pré-umedecida funciona feito mágica) e dê um aperto de mão duplo e firme.

Sentando-se: se você for conduzir a reunião, espere que lhe ofereçam uma cadeira antes de começar a estender seu outdoor e se sentir em casa. Se não lhe indicarem um lugar para pendurar seu casaco, coloque-o bem arrumado sobre as costas de sua cadeira. Se não souber quem é a pessoa que toma as decisões, geralmente é quem entra por último na sala e se senta à cabeceira da mesa.

Bolsas: este não é seu quarto. Nem mesmo seu escritório. Por isso, não espalhe seus pertences por todo o lugar. Ponha em seu colo tudo que possa usar na reunião (caneta, bloco de notas, portfólio) para não precisar procurar quando precisar. Mantenha sua bolsa ou maleta fechada debaixo ou do lado de sua cadeira para que ninguém tropece nela e quebre o nariz. (Isso realmente aconteceu com uma amiga durante um jantar de negócios — não se arrisque.)

Conversa fiada: você pode fazer um comentário sobre o tempo ou elogiar a decoração do escritório, mas realmente deve seguir o ritmo deles. Se já estiverem prontos para ir direto ao ponto, não os distraia com conversa fiada.

Truque do negócio: de vez em quando se torne indisponível

É simples assim: disponível = fácil, fácil = indesejável. Pessoas bem-sucedidas, talentosas e requisitadas marcam compromissos com semanas de antecedência. Embora eu não sugira um curto e grosso "Não marco compromissos para a sexta-feira se já nos vimos na terça-feira", não há mal nenhum em ter um horário cheio que cria um ar de mistério e demanda — na verdade, isso é bom.

Ato II — clímax

Agora que você já observou as sutilezas do protocolo, é hora de pôr mãos à obra. O maior erro que pode cometer durante o clímax é não ter um plano e uma intenção cristalina no encontro. O que você quer? Seja sair com o telefone dele ou vender seu protótipo, saiba o que pretende. Por favor, mais uma vez mantenha a boca fechada para não revelar muito e use perguntas para controlar o ritmo e o rumo da conversa. O clímax é melhor quando vocês o atingem juntos, portanto o objetivo é chegar a um ponto em que todos fiquem satisfeitos. Você sabe que eles estão prontos para chegar ao clímax quando começam a usar a palavra "nós" no futuro. Para obter o seu, negocie-o.

Controle suas emoções. Embora a discussão possa parecer acalorada, permaneça calma, não interrompa (ou se deixe interromper) e ouça atentamente para entender os pontos de vista da outra parte.

Descubra o motivo. Por que eles estão se recusando a ceder *aqui* e estão cedendo *ali*? Procure respostas que lhe permitam propor alternativas. Por exemplo, se você estiver tentando negociar um aumento e a resposta for "não" porque eles não podem incorrer em mais impostos, peça reembolso de transporte, mais alguns dias de férias ou ajuda de custo.

Explore as possibilidades. Juntos, encontrem o máximo de soluções possíveis. Descreva o que será vantajoso para ele sempre que você propuser uma ideia e saliente que não deseja deixá-lo em uma situação difícil. Depois de bajular, poderá limitar suas opções para que todos saiam ganhando.

Ato III — saia daqui

É aí que todo o seu esforço pode ir por água abaixo em um instante. Depois de trinta a cinquenta minutos, a euforia diminui e você e sua conversa começam a perder o brilho. A ilusão sempre é melhor do que a realidade e se você alimentar demais a outra parte na primeira sessão ela ficará satisfeita antes de você alcançar seu objetivo no acordo. Dê-lhe tempo demais e a lógica dele entrará em ação, ele procurará brechas e começará a explicar por que isso não dará certo. Assim como você precisa sair da festa quando está no auge, deve sair antes que pareça que já está na hora. Se for para você ficar andando de um lado para o outro, vá embora cedo... e o deixe querendo mais.

É sempre com uma percepção tardia que penso: "Eu deveria ter caído fora antes." Pode ser muito difícil sair quando você está animada, criou condições favoráveis e simplesmente não consegue evitar ficar...

ficar... e ficar. Eu me treinei a prestar atenção a três sinais muito específicos. Veja-os e vá nessa.

O chefe se levanta. Eis uma regra fácil: quando ele se levantar, levante-se. E quando você se levantar, vá embora. Simples assim. Ainda que esteja no meio de uma declaração ou desarmando uma ogiva nuclear, vá embora.

Movimentos nervosos. Não importa se surgem na forma de girar um lápis, sacudir moedas ou roer unhas — isso é um sinal de que ele está perdendo o interesse. Portanto, encerre as atividades.

Verificar o e-mail. Verificar o e-mail e correio de voz, visitar sites de pornografia — você entende o que quero dizer. Ele não está mais prestando atenção. E mesmo se você contar o segredo da juventude eterna ou rezar uma dúzia de Ave Marias ele não vai ouvir, não importa quantas vezes fizer um sinal afirmativo com a cabeça e disser: "Hmm-hmm."

Na área

Este truque não é para todos, mas se você é como eu, se sai muito melhor pessoalmente do que pelo telefone ou escrevendo. Sempre que quero um encontro, apareço na "área". Isso dá à outra pessoa uma ótima oportunidade de encontrá-la enquanto você está na cidade para resolver outros assuntos. Telefonei para todos da reitoria de admissões em Cambridge para que eles soubessem que eu passaria pelo campus para que meu agente marcasse minha primeira rodada de encontros com editores, durante minha viagem imaginária para Nova York vinda de Vancouver. É difícil encontrar-se com pessoas ocupadas e um horário compatível com seu voo pode pôr o encontro na agenda. O segredo é (a) avisar com bastante antecedência, (b) apresentar pelo menos três dias de opções e (c) não marcar seu voo até obter a confirmação (isso não é 100% infalível e não quero que você me telefone pedindo reembolso de sua passagem).

Observação muito importante: *não* apareça sem avisar. Isso é inadequado, desesperado e só afasta as pessoas. Telefone-lhes com antecedência e marque um encontro.

Bis!

Depois de deixá-lo com um desejo no coração, como garantir que esse desempenho vá adiante? De três maneiras:

Deixe-lhe algo para se lembrar de você. As pessoas se lembram muito pouco do que você diz: é sua energia, seu entusiasmo e sua positividade que permanecem. Deixe-o com um sorriso alegre e um aperto de mão confiante... e um cartão de visita para encontrá-la facilmente.

Mande um recado. Ao contrário do que ocorre na arena da conquista, você não espera três dias para enviar um bilhete de agradecimento ou e-mail de reforço (se precisar). Acredito muito no poder de um bilhete escrito à mão. Compre papel de carta personalizado e, literalmente, no minuto em que voltar para sua casa ou seu escritório pegue uma caneta e escreva "foi ótimo conhecer você". Um bilhete físico tem mais impacto do que um e-mail porque parece mais pessoal e, francamente, pouquíssimas pessoas o escrevem. Mas o verdadeiro truque é colocá-lo no correio no máximo no dia seguinte. O objetivo do bilhete é manter as condições favoráveis. Não precisa ser um tratado: como o encontro, deve ser breve.

De volta ao radar: você não quer ser perseguidora, mas se algumas semanas se passarem sem que ele dê notícias, não há mal nenhum em contatá-la de novo. Se, durante o encontro, ele falou que adorava comida libanesa, envie-lhe um link para um novo restaurante no bairro onde ele mora. Isso bastará para pôr você de volta no radar.

Capítulo 15

Mantenha a chama acesa

Há uma diferença monumental entre querer e precisar. Você pode viver sem algo que quer, mas não pode viver (ou assim parece) sem algo de que precisa. Já falamos sobre isso — todos nós somos dispensáveis, mas o segredo para produzir e manter a sensação de necessidade tem tudo a ver com acender rapidamente uma grande chama — e depois mantê-la acesa. Uma parte crucial de seu trabalho tanto na fase inicial da conquista quanto na mais longa do compromisso com seu "relacionamento" profissional é não deixar a chama se apagar. Outras opções mais atraentes e espertas sempre competirão por sua posição — zele por ela.

Produza a faísca

O que é exatamente a faísca? Talvez o mais importante seja o que a faísca *não* é. Não, não é saber que ele tem hemorroidas ou lhe pedir para pegar absorventes íntimos. Faísca é química e a química só ocorre quando algo é deixado para a imaginação.

A ocorrência de uma reação química depende daquilo com que as duas partes contribuem, e embora você não possa prever com que tipo de humor ele estará ou exatamente o que procura, há algumas atitudes que podem fazê-lo morder a isca. Todos as relações profissionais precisam começar em algum lugar, e seja em um evento de networking, um voo ou uma entrevista, seu trabalho é cativar seu público.

Em busca de uma opinião masculina, chamei todos os homens do escritório e lhes pedi para dizerem o que funcionava quando se tratava de produzir uma faísca. Apresento a seguir a cena fantástica que eles me descreveram, e depois meu modo de ver a situação. Embora as lições que me apresentaram tivessem suas origens em um bar, também se aplicam à formação de relacionamentos no mundo dos negócios. Estamos falando sobre o primeiro encontro. Antes de você obter o emprego, o namorado, o contrato. As primeiras impressões contam e quanto mais forte for a faísca mais quente será a chama.

Você faz contato visual

Ele diz: você me viu do outro lado do bar e espera até eu olhar em sua direção para começar seu vudu (sim, um dos homens usou essa expressão). Quando seus olhos encontram os meus, você curva os cantos dos lábios e ergue ligeiramente uma sobrancelha.

Eu digo: você se surpreenderia com quantas pessoas não encontram o equilíbrio entre o olhar de caçador e o contato confiante. Sua capacidade de realmente me olhar nos olhos ajuda muito a criar confiança e provar que não é ingênuo. Dizem que os olhos são a janela da alma e se você esconde os seus, não a revela.

Você está bonita

Ele diz: você está maquiada, mas não excessivamente, e com uma roupa que me faz achar que poderia ser um pouco demais para mim. Não ligo para a marca de jeans que usa, só para o fato de serem apertados (e por que exatamente estamos pagando R$300?)

Eu digo: não o conheço. E isso significa que estou fazendo tudo ao meu alcance para que você se defina. E o fato de que não se deu ao trabalho de pentear seus cabelos ou engraxar seus sapatos me diz que não há necessidade de levar isto adiante. Essa é sua primeira impressão e não quero ver o que poderia ser ainda pior.

Você não diz muito

Ele diz: você não me conta a longa e cansativa história de como veio parar nesta cidade e está bebendo para afastar sua tristeza e, felizmente para mim, acabou de ficar sozinha porque seu namorado rompeu com você na noite passada. Só me apresenta pedacinhos dos pontos de especial interesse, sugerindo que a soma é maior do que as partes... e se eu tiver bastante sorte, verei tudo.

Eu digo: se, no final da conversa, eu souber que sua mãe está na menopausa ou você vai a um terapeuta uma vez por semana, será o Fim do Jogo. Nada acaba tanto com a química quanto a neurose. Estou começando a suspeitar que você dá mais trabalho do que vale.

Você banca a tímida

Ele diz: você me deixa procurar um sinal de que a atração é mútua, mas certamente não diz isso diretamente. Tanto quanto não quero saber toda a história de sua vida, ainda não quero saber que está interessada. Então me deixe bisbilhotar, feito George, o Curioso, e me divertir descobrindo isso sozinho.

Eu digo: sou uma garota esperta. Você não precisa me dizer que é o máximo; descobrirei isso sozinha. Há uma linha fina entre uma saudável dose de confiança e o claro egotrip, e se disser que minha empresa ou eu não sobreviveremos sem você minha primeira reação será: "É mesmo?"

Você precisa ir a outro lugar

Ele diz: você me diz que está feliz por termos nos conhecido, ansiosa pela próxima vez e que precisa ir. Pega meu telefone, me dá um último sorriso irresistível, um prolongado aperto de mão e eu a observo se afastando.

Eu digo: o fato de você precisar ir a outro lugar e encontrar alguém (desde que a entrevista não tenha começado há 15 minutos) não é algo ruim. Na verdade, ser requisitado só faz com que eu te deseje mais.

Você é casual no encontro seguinte

Ele diz: quando você me enviar um e-mail no dia seguinte ou (preferivelmente) três dias depois, não mande uma novela sobre por que acha que seríamos ótimos juntos, que sente minha falta e conta os minutos para nos encontrarmos de novo. E não me envie um e-mail todos os dias de agora em diante até eu responder. Procura demais equivale a peso demais. Em vez disso, seja breve e doce, deixando-me pensar em todas as perguntas que poderia lhe fazer no próximo encontro.

Eu digo: se houver quatro e-mails me esperando em minha caixa de entrada quando eu voltar, começarei a questionar sua estabilidade mental. É claro que você pode ser persistente, mas dê-me espaço para lidar com as coisas primeiro, ou tudo que saberei é que você é um investimento que nunca dará retorno, dada a atenção exaustiva que exige.

Atiçando o fogo

Depois que você despertou seu interesse e ele está pensando em um compromisso a longo prazo, você deve manter a chama acesa. Estou no terceiro ano de relacionamento com meu parceiro comercial/investidor e o problema não é só a complacência e o conforto que vêm com o tempo, mas também o fato de ele ser um caso leve de desordem de déficit de atenção. Como ocorre com as pessoas brilhantes, extremamente bem-sucedidas e requisitadas, obter sua atenção por mais de cinco minutos exige o trabalho de um mestre.

Acima de tudo, você precisa ser imprevisível. Surpreenda. Se ele sempre souber qual a posição que você assumirá, vai parar de pedir sua opinião e informações. Seu chefe constantemente se depara com um novo talento cheio de vontade. Só porque você conquistou o prêmio isso não significa que pode ficar sentada sem fazer nada. Mantenha-se atualizada sobre as tendências do setor, ou outra carne fresca a substituirá em um piscar de olhos.

E, falando em manter o frescor, agora entendo uma queixa que ouço dos homens há anos. Sei que a imitação é a forma mais sincera de elogio, mas é um pouco assustador que depois de seis meses de nosso relacionamento você se vista, fale e enrole os cabelos como eu. Seu chefe não quer um clone ou uma garota que só diz sim. Manter a chama acesa tem tudo a ver com faíscas, e as faíscas não voam quando você concorda com tudo que ele diz. Embora haja algumas exceções, a maioria das pessoas bem sucedidas se cercam de subordinados que as desafiam, discordam delas e têm coragem suficiente para dizer "não".

E, finalmente, isto é crucial: com um chefe com um intervalo de atenção curto e uma necessidade insaciável de obter resultados regularmente, atiçar o fogo tem tudo a ver com dominar a arte de contribuir exatamente e *somente* quando necessário. Se você lhe oferecer demais de uma vez, ele não só começará a esperar isso em uma base regular como também não vai gostar disso. Reserve um pouco de "tenho ótimas notícias" para os momentos difíceis.

Truque do negócio: combata fogo com fogo

Alguém está de olho em seu prêmio? Quer seu homem, seu emprego, sua promoção? O único modo de combater fogo é com fogo. Embora isso não queira dizer que você precisa descer ao nível baixo e traiçoeiro (mas sinta-se à vontade para fazer isso se precisar), significa que precisa deixar bem claro que você não vai desistir e que está pronta para lutar pelo que é seu.

Apagando a chama

Em algum ponto você (ou ele) desejará apagar essa chama. Sair de um relacionamento profissional sem apagá-la direito pode ter um impacto duradouro em sua carreira. Você investiu muito tempo e energia e tudo isso pode virar fumaça.

Diga-lhe pessoalmente

Apesar de ter vontade de lhe enviar uma mensagem de texto dizendo para não esperá-la hoje, amanhã e nem *nunca*, você não pode fazer isso. É uma adulta e precisa enfrentar essa conversa difícil. Ir embora pode envolver emoções, tanto suas quanto dele, por isso planeje antecipadamente (até mesmo ensaie) o que deseja dizer. E depois espere que ele lhe faça duas perguntas:

1. Por que você não está feliz?

Sinta-se à vontade para mentir um pouco aqui — é melhor que ele não saiba que é um idiota. Na verdade, se você for inteligente transformará isso em um elogio. "Você me inspirou a tentar uma nova posição." "Você me ensinou mais do que eu poderia imaginar e agora sinto que é hora de alçar voo." O melhor modo de sair dessa é o velho *não é você, sou eu.*

2. O que posso fazer para que fique?

Quando você estiver de partida, realmente deve estar pronta para sair. Promessas de que ele mudará e ofertas de mais dinheiro ou responsabilidade, embora lisonjeiras e tentadoras, em geral não significam muito. Quando o relacionamento termina, está terminado, e mesmo se você o aceitar de volta ele ficará com o coração na mão, na expectativa de que você não vá embora.

Se você é que foi dispensada, independentemente do que faça, não saia do escritório dele sem perguntar por quê. Aumente pelo menos 10% do que ele disser. A menos que o rompimento seja amargo, ele não lhe dirá o quanto você foi ruim além do que deseja ouvir. E, mesmo que isso seja tentador, não o xingue. Você também precisa:

Ter uma substituta

Se você não o quer, não significa querer que outra pessoa o tenha, mas no caso de seu emprego, você quer sim. Será infinitamente mais fácil para você (haverá muito menos telefonemas perguntando onde está o arquivo, o grampeador, a cafeteira) se ele já estiver apaixonado por outra pessoa.

Resolver pendências

Sua partida é a última coisa de que ele se lembrará sobre você, por isso torne-a boa. Entregue todos os projetos não concluídos para seus colegas de trabalho e deixe sua escrivaninha tão imaculada quanto a encontrou no primeiro dia. Embora talvez você nunca mais queira ouvir falar nele, o mundo é pequeno e você deve poder encará-lo se precisar. Saia com dignidade e o deixará pensando no que acabou de perder.

Capítulo 16

Não diga a ele no primeiro encontro que quer ter um filho

Duas palavras para você: Suicídio Profissional. Sua imagem em seu terninho elegante subitamente se transforma em visões de você desmazelada em roupas caseiras cancelando reuniões importantes para pegar sua filha na aula de balé.

Esta afirmação é tão politicamente incorreta, porém verdadeira, quanto possível: sua iminente gravidez não é música para os ouvidos de seu empregador. Até os homens poderem perpetuar a raça humana, nós, mulheres, temos um trabalho muito especial a fazer e essa coisa de criar filhos inevitavelmente tem um impacto em nosso desempenho profissional.

A escolha de ter ou não filhos é sua. Só lhe dê um pouco de tempo para conhecê-la antes de lhe contar a boa notícia.

E quanto a mim?

Quando você conta a boa notícia para seu namorado, pelo menos ele tem DNA envolvido. Mas seu empregador não vê muita vantagem nisso. Os medos dele basicamente não são muito diferentes dos do seu pai.

Você ficará insuportável

Ele sabe que não deve provocá-la, criticá-la ou se opor a você durante um período do mês, mas nove meses de TPM? Seu chefe morre de medo de que essa alegre abelhinha operária se transforme em uma festa insuportável. Lágrimas, ataques de raiva e faltas ao trabalho são imagens muito vívidas que passam pela cabeça dele.

A verdade é que você *estará* emocionalmente instável e isso significa que precisará ter uma equipe de apoio a quem recorrer quando se vir prestes a gritar ou arrancar a cabeça de alguém. Seu chefe não merece — e não tolerará — ser seu bode expiatório.

Seu desempenho diminuirá

Bem, eis a verdade: basicamente ele tem medo de que toda essa história de gerar um bebê em seu corpo desvie a atenção de seu cérebro para sua barriga. Teme que seu muito necessário cochilo da tarde avance pelo horário de trabalho e que, com isso, ele não veja mais nenhuma ação.

Quando foi que as mulheres não tiveram de fazer o dobro do trabalho dos homens para ser consideradas igualmente talentosas? É claro que você fica feliz em fazer isso, mas não hesite em aceitar ajuda.

Você ficará preocupada

Qual é a principal preocupação dele? Deixar de ser seu numero um. Ele teme se perder na multidão e perder seu lugar na ordem de importância. Quem se importa com o último relatório de atividades quando você está gerando um bebê?

Se você nunca precisou dar as caras, este é o momento. Esteja sempre presente e, ainda mais importante, engajada. Faça perguntas, tome iniciativas, massageie o ego dele — faça o que for preciso para ele não se sentir negligenciado e esquecido.

Truque do negócio: não deixe a retaguarda sem cobertura

E você achou que seria difícil dizer ao seu homem-chefe que estava grávida. Espere até dar a boa notícia a todas as garotas no escritório. Sempre é surpreendente, considerando-se que somos da mesma tribo, que as mulheres possam ser mais duras do que a maioria dos homens. Independentemente do que você fizer, se for voltar, avise. Se suas colegas de trabalho suspeitarem de que está "se aposentando", competirão pelo seu lugar antes de você ter a primeira contração. E embora você possa se sentir exausta, principalmente nos primeiros meses da gravidez, não fale sobre isso — ou, pior ainda, não deixe que a vejam cochilando no escritório. Embora algumas de suas colegas sejam solidárias a você (especialmente as que têm filhos), outras usarão sua falta de energia para lhe tirar projetos importantes.

Não há um momento perfeito

Trabalhei, sou amiga e vivo cercada de mulheres que jogam o jogo de um dentre estes dois modos: pré e pós-carreira. Não há um momento perfeito para ter um bebê, mas há alguns prós e contras a considerar:

Pré-carreira

Prós

- Você é fértil e o tempo está a seu favor. Parece e se sente fantástica. Não há nenhum motivo para pensar que não conseguirá engravidar na primeira oportunidade — e com o doador de esperma (quero dizer, homem) que escolher.
- Sua carreira sempre estará à sua espera, seus óvulos — nem tanto. Se você for inteligente (ou persuasiva), conseguirá voltar para o mercado de trabalho sem problemas. O torpor mental causado pelo bebê é reversível, mas o fim de sua ovulação não é
- Você não está exausta e tem energia suficiente para fazer tudo. Neste momento é uma supermulher — corre oito quilômetros, trabalha 14 horas, planeja o chá de panela de sua melhor amiga, encontra seu novo namorado para tomar drinques — e isso

apenas na segunda-feira. Agora imagine fazer tudo isso e cuidar de uma criança. E ah, sim, você tem 45 anos.

Contras

- Você não teve tempo suficiente para criar uma reputação e pode ser mais difícil voltar ao jogo. Acha que é uma estrela, mas ninguém mais acha. Se sair agora, precisará começar do zero mais tarde — e cair nas boas graças de sua estagiária, que agora é a chefe.
- Você está nas trincheiras e não em uma posição de: "Você pode fazer isso para mim?" Não conquistou o direito de delegar para seus subordinados o que não deseja fazer. Tradução: você escreverá aquele relatório semanal às 20 horas de uma sexta-feira e depois irá para casa lidar com fraldas sujas e o jantar (que provavelmente fará).
- Você não pode pagar a massagem, a babá e o Prozac para chegar ao final do dia. Filhos custam muito dinheiro. É bem mais fácil comprar sapatos de R$300 quando você pode ficar uma semana sem jantar para pagar por eles. Seu filho ficar com fome? Há um nome para isso: maus tratos.
- Você se ressente de não ter tido a carreira de seus sonhos... ainda. Se for mãe antes de se tornar uma [insira o cargo aqui], sempre se ressentirá — não importa o quanto ame o pequeno Joey. Nos dias difíceis — aqueles em que seu filho não comerá, dormirá ou fará nada sem gritar seu nome — você fantasiará sobre onde estaria se tivesse continuado a trabalhar. (Aguentando a droga do seu chefe não vale. Afinal de contas, isso é uma fantasia.)

Pós-carreira

Prós

- Você tem sucesso suficiente para resistir a um longo afastamento. Deseja uma licença-maternidade de seis meses e uma jornada de trabalho de três dias por semana quando voltar?

Se ganhou bastante dinheiro para sua empresa, provavelmente conseguirá.

- Você pode pagar um exército de babás. Não banque a heroína. Se pode pagar por ajuda (e pode), pague.
- Você está em uma posição administrativa e a maioria de suas tarefas podem ser realizadas no conforto de sua cama. Já notou como ninguém questiona o fato de o CEO ter carta branca para ir a todos os jogos de futebol, todos os recitais de balé ou todas as conferências de professores que quiser? Quando você é a chefe, escolhe como e quando trabalha.
- Você está voando para o Malauí para adotar uma criança. Quando atingiu o nível de Madona de domínio do mundo, não há um momento errado para um filho — especialmente quando outra pessoa o tem para você.

Contras

- Você está bem na posição de CEO e decide que quer ter um filho, mas seus óvulos estão tão velhos quanto você se sente. Novamente, tem 45 anos. Depois de trabalhar oito horas pode ser difícil descansar quando você tem de acordar a cada duas horas para amamentar. E não importa o quanto esteja em boa forma, seu corpo simplesmente não reagirá como reagia quando você tinha vinte anos.
- Você demora cinco anos e gasta muito dinheiro para engravidar, devido àquela história de óvulos fracos. Definitivamente pode engravidar, mas isso tem um preço.
- Você simplesmente não pode engravidar. O arrependimento é uma pílula amarga de engolir. Muito pior do que seu ressentimento se tivesse tido um filho dez anos antes em vez de aceitar aquela promoção.
- Você está voando para Malauí para adotar uma criança. É verdade o que dizem sobre dar à luz. Se você esperar demais, a escolha não será sua.

A revelação do segredo

A última coisa de que você precisa é que sua concorrente no escritório dê a boa notícia (também para ela). O pai da criança pode ser o primeiro a saber, mas o segundo deve ser seu chefe. Primeiramente, porque você deve aplacar os medos de que já falamos e, depois, porque sua abordagem e energia ao contar a notícia definem os rumos do resto de sua gravidez. Sei que esse é o momento mais importante de sua vida e o que mais a mudará, mas... vá com calma. Estou me preparando para dizer "estou grávida" há uns dez anos, observando e aprendendo os truques a seguir para dar essa notícia sem ser jogada para escanteio.

Alavanque uma realização importante

Estou prestes a quebrar minha regra fundamental sobre dar a grande notícia a meu parceiro (nesse caso, meu investidor), mas a verdade é que tentarei engravidar quando este livro chegar às prateleiras (reze para eu ter conseguido quando estiver lendo estas palavras). O melhor momento para revelar isso é depois de uma realização profissional importante que tenha alguma repercussão e a alavanque com um "não posso viver sem ela".

Saiba que o senso de oportunidade é tudo

Sabemos muito bem como é a gravidez (fluxo e refluxo de emoções, energia, brilho da pele) e o quanto dura. E essas são informações importantes com que trabalhar. E, embora você não possa prever a queda do mercado de ações ou que seu médico decidirá colá-la na cama de repouso, você conhece os prazos e ciclos de sua empresa (férias de verão, desfiles de moda de outono). Alguns momentos realmente são melhores do que outros, motivo pelo qual inventaram o controle da natalidade.

Estabeleça um prazo final

Talvez você precise considerar seu feito no contexto de encontrar o homem certo, realizar um grande sonho profissional ou em ambos. Mas conheci mulheres muito desapontadas que esperaram demais e agora estão arrependidas por não terem estabelecido um prazo, o que me faz pensar que todos nós precisamos ter em mente um "basta, este é meu prazo final". E depois rezar para que Deus o queira.

Faça isso por sua própria conta

Sei que o oposto parece ser verdadeiro, mas minha maior motivação para trabalhar duro será meu filho. Desde cedo soube que queria poder me dedicar tanto a ele (em todos os níveis) quanto me dediquei à minha carreira. Essa pode ser a maior aposta da minha vida, mas o grande prêmio é ter meu nome na porta... mas não uma nova porta. Espere alguns anos (três a cinco) para obter um pouco de sucesso, sabendo que trabalhará 24 horas sete dias por semana e isso antes de o bebê chegar.

A volta ao jogo

Leio muitíssimas estatísticas, mas eis os pontos principais. Embora tenha visto a garota no BlackBerry com as pernas levantadas na sala de parto, a maioria das mulheres que acham que voltarão ao trabalho após terem um filho não voltam — pelo menos não nos três a cinco anos seguintes. Essa é a principal preocupação de seu empregador, seus clientes, seu staff — e tampouco temos certeza de que algum dia você voltará. O melhor conselho que posso lhe dar é ser justa e honesta. Trate disso abertamente ao longo do caminho... durante a licença... quando voltar...

A volta ao jogo daria um livro inteiro (e pode ser que eu o escreva se meus óvulos cooperarem e tiver alguma experiência a passar), mas a mensagem principal é tripla.

Em primeiro lugar, se você quer (ou precisa) voltar ao trabalho, você pode. Mantenha seu currículo atualizado (preencha as lacunas com as habilidades que aprendeu quando se ofereceu voluntariamente para levar um monte de crianças pequenas para aulas de balé). Permaneça em contato com as tendências do setor e seus colegas (encontre com eles, quando possível sem as crianças), vá a eventos e no final estará pronta para a ação.

Em segundo, a maioria das mulheres que realmente voltam o fazem com um conjunto de padrões totalmente novo e o jogo começa a ter menos a ver com quantidade e mais com qualidade — o que, se corretamente exposto, é muito atraente para os empregadores. Considere todas as suas opções (trabalhar em regime de meio expediente, tirar um ano extra de licença, trabalhar a distância, etc.) e depois peça seu horário ideal. Com a pressão para criar ambientes de trabalho amigáveis às mães, os empregadores estão mais flexíveis do que nunca desde que você demonstre que pode e que irá produzir. Além disso, é importante reavaliar seus valores — após um acontecimento que muda a vida, como ter filhos, talvez você esteja em busca de modos mais significativos de passar seu tempo longe de casa.

Por último, mas não menos importante, tenha fé. Acredito de todo coração que é possível experimentar uma carreira e uma vida familiar gratificantes (só precisamos ser realistas e saber que não podemos fazer as duas coisas com perfeição ao mesmo tempo). Conheço todos os mulheres incrivelmente motivadas, bem-sucedidas, dedicadas e bonitas que são ótimas mães e profissionais que inspiram respeito.

Capítulo 17

Uma sala independente

Não sei ao certo como Virginia Woolf teria se sentido ao ter seu chamado para a independência feminina incluído em um livro sobre regras da conquista aplicadas à carreira, mas que mulher não tem uma imagem de si mesma sentada atrás de uma bela escrivaninha em um escritório luxuoso?

Falando sério, bem antes de eu saber o que faria em relação à minha carreira, sabia que a exerceria em uma cidade agitada, algum tipo de prédio alto e envidraçado que conteria meu glamoroso escritório, transmitindo um equilíbrio entre ser uma extensão da minha casa (a imagem sempre continha um divã e algum tipo de mesinha de centro polida) e mostrar que eu tinha chegado onde queria chegar.

Sinceramente, acredito que a realidade de nosso espaço de trabalho (e da cidade em que decidimos viver) é um reflexo de nossas personalidades e influi o bastante em nossa produtividade para merecer um capítulo. Todos nós precisamos de uma sala independente — o que a sua diz sobre você?

Equipamentos

Uma amiga acabou de me convidar para me hospedar no apartamento dela em Paris e fiquei surpresa com (a) o quanto sou curiosa e (b) o que alguns livros e quadros (e psicotrópicos) dizem sobre você e sua vida. Passamos mais horas em nossos escritórios do que em nossas casas e nossos escritórios dizem muito mais sobre nós do que imaginamos. Antes de você estar em uma posição de chamar o arquiteto e designer para criar seu proprio lindo escritório, eis coisas simples que pode fazer para melhorar seu espaço e causar uma boa impressão nas pessoas.

Livros

Ei... preste atenção à escola de pensamento que afirma que "você é o que lê". Os livros que tem no escritório são uma expressão de quem é você, e o livro de Danielle Steel aparecendo sob sua montanha de trabalho não é o que você quer passar. Eis o que alguns clássicos dizem sobre você:

Um dicionário: curiosa, detalhista e talvez um pouco tradicional, está bastante consciente de que um bom vocabulário nunca sai de moda.

Biografia: independentemente de se for a história de Einstein ou Coco Chanel, está interessada em aprender com os sucessos dos melhores da classe.

Empresas feitas para vencer *(São Paulo: HSM Editora, 2009)*: ambiciosa, disciplinada, disposta a melhorar... é uma líder nata e não desistirá até chegar ao topo.

Os 7 hábitos das pessoas altamente eficazes *(Rio de Janeiro:* Best*Seller,* *2009)* ok, provavelmente você já viu esse livro em uma prateleira, considerando-se que todo mundo já o recebeu de presente algum dia. Mas você realmente o leu? Se não puder citar os sete hábitos, comece a assinalá-los.

O ponto da virada *(Rio de Janeiro: Sextante, 2009)*: você é curiosa, informada e capaz de reconhecer uma coisa boa quando a vê. Sua capacidade de antecipar tendências a torna muito requisitada.

O gerente minuto *(Rio de Janeiro: Record, 2009)*: você tem muitos assuntos importantes dos quais tratar, motivo pelo qual é ótimo ser organizada, rica em recursos e não estar disposta a desperdiçar o tempo de ninguém — especialmente o seu.

***Como fazer amigos e influenciar pessoas**: (São Paulo: Editora Nacional, 2009)* implacável e desesperada, talvez, mas você consegue lidar bem até mesmo com a conversa mais difícil — e isso a torna uma parceira eficiente.

Fotos

Lembro-me de ter entrado no apartamento de um homem e pensado: "Que lindo, ele tem muitas fotos de amigos e familiares." Olhando mais de perto, ele estava em todas as fotos. Sinta-se à vontade para levar algumas fotos para o escritório, mas tente não transmitir egotrip estando em todas. Além disso, cuidado com as imagens de bebida: nada de fotos de você e suas amigas entornando tequila. Escolha fotos que mostrem que você tem uma vida interessante e cultural (você e seu parceiro em um vinhedo na Itália) e elas estimularão conversas.

Flores

Vai parecer um pouco estranho ter em seu cubículo um buquê que exala um forte cheiro de lírio, mas um pequeno arranjo de flores da estação não só estimula o humor e a criatividade como também a ajuda a esquecer que está trabalhando há 15 horas e não vê a natureza há semanas.

Feng shui para o sucesso

Eu adorava a revista *Domino* e, folheando uma, deparei-me com a consultora de feng shui Catherine Brophy e isso me inspirou três pensamentos: (1) Quem não está disposto a experimentar um pouco de feng shui? (2) Realmente deveríamos incluí-lo no capítulo sobre espaço de trabalho e (3) Catherine deveria escrever sobre isso. Obrigada, Catherine!

O bom feng shui remove obstáculos ao seu progresso e lhe permite brilhar. Eis algumas dicas de Catherine para ajudar você a chegar ao topo:

- Mantenha seu espaço de trabalho limpo e desimpedido. Uma escrivaninha e um escritório em ordem não só lhe permitem eficiência máxima como também ajudam a criatividade e o chi (a energia) a fluir. Tenha em mente que seu espaço reflete quem você é. Certifique-se de que está projetando uma imagem de confiança e competência. Se seu escritório estiver em desordem, é assim que as pessoas verão você. Adquira o hábito de limpar sua escrivaninha todos os dias antes de ir embora e fazer uma lista de tarefas para o dia seguinte. Quando você chegar todas as manhãs, começará seu dia com ordem, foco e tranquilidade.
- Se você puder escolher a localização de sua escrivaninha, tente se sentar de costas para uma parede sólida no Ponto de Poder da sala. O Ponto de Poder é o canto mais distante diagonalmente oposto à entrada. Sentar nessa posição otimizará seu ponto de vantagem. Ativará a visibilidade, permitindo-lhe ver o que acontece ao seu redor e ser vista e reconhecida pelos outros. Se você se sentar de costas para uma janela, mantenha as venezianas abaixadas. Se suas costas ficarem expostas a espaço aberto e não for possível ver atrás de você, ponha em sua escrivaninha acessórios que produzam reflexo. Uma luminária de aço cromado ou um porta-retratos posicionado na sua frente lhe permitirá "ver atrás de você". Isso a ajudará a se sentir segura.
- Torne o espaço convidativo e acolhedor. Certifique-se de que nada está bloqueando a entrada e tudo funciona em perfeita ordem. Substitua objetos em mau estado, como relógios, luminárias, canetas etc. Você e os outros devem se sentir confortáveis no espaço. Se puder, pendure ou apoie uma bela obra de arte que atraia o olhar. Você obterá bônus de pontos de feng shui se ela também se relacionar com sua carreira. Por exemplo, se você for uma editora, coloque capas de revistas premiadas emolduradas que a inspirem e motivem onde você e os outros possam vê-las. Se estiver motivada e feliz, tudo correrá bem em seu espaço e você terá um desempenho melhor no trabalho.

Uma cidade sua

Lembro-me disso tão claramente como se fosse hoje. Eu estava sentada no Rockefeller Center, no restaurante que no inverno era um rinque de patinação, devorando um prato de rabanadas, ligeiramente distraída pelo borrifo da fonte Prometeus, quando subitamente tive uma premonição. Peguei uma caneta e um pedaço de papel e escrevi:

Vou me mudar para Nova York.

Na época isso não poderia ter sido mais longe da realidade. Eu estava casada, vivendo em Vancouver, Canadá, e embora realmente tivesse um agente, sem um visto ou emprego eu moraria nas ruas. Nos três anos seguintes, minha vida foi empurrada centímetro a centímetro para a cidade que ao mesmo tempo me empolgava e apavorava. Sempre tinha ouvido dizer que você ama ou odeia Nova York, mas eu alternava dias firmemente posicionada de um lado ou do outro. Tive uma transição difícil de turista para residente, mas um dia, não muito tempo atrás, atravessei a Park Avenue, olhei para o prédio da MetLife e soube que, mais do que um ponto de parada, aquela cidade tinha se tornado minha. Eis o que aprendi sobre mudanças.

Faça uma viagem

Se você for se mudar, tente fazer isso aos poucos — durante um ano inteiro antes de realmente mudar de endereço, visitei a cidade para me familiarizar com ela. Especialmente se a mudança for grande (para outro país ou uma cidade muito maior). A imersão total no primeiro dia pode levar você de volta para o avião mais rápido do que um quarto de hotel infestado de baratas. Planeje excursões de fim de semana ou uma viagem de uma semana para ir se acostumando.

Encontre alguns amigos

Estou longe de ser alguém que toma chá de cadeira, por isso fiquei chocada ao descobrir como era difícil fazer novas amizades. Com imagens de *Sex and the City* dançando em minha cabeça, continuava a procurar por Charlotte e Miranda. Tinha conhecido mulheres interessantes, mas elas eram (a) velhas demais (entediantes), (b) jovens demais (infantis), (c) casadas (grudadas nos maridos), (d) dedicadas a criar filhos (barulho), (e) diferentes de minhas amigas em casa (mas quem não é?) ou (f) ligadas ao meu trabalho (eu lhes pagava ou elas me pagavam). Sou totalmente a favor de se ter as amizades certas baseadas no trabalho, mas, sinceramente, somente quando comecei a me relacionar com pessoas fora do escritório e superei o fato de que não precisava de substitutas para as antigas amizades comecei a fazer novas e sentir que fazia parte daquele lugar. Seja o que for que você goste de fazer (correr, tricotar, ler), junte-se a um clube que a apresente a pessoas novas e interessantes... e tenha a mente aberta. Pessoas mais velhas podem ser ótimas.

Estabeleça-se

Nos dois primeiros meses em que vivi em Nova York, fui ao Metropolitan Museum of Art uma vez (ocasionalmente duas vezes) por semana. Nos últimos dois anos, não voltei lá. O surpreendente em se mudar para uma nova cidade é a oportunidade de viver nela como turista, mas em certo ponto é importante (ou pelo menos foi para mim) realmente se estabelecer, frequentar repetidamente alguns lugares e conhecer os clientes. Você sabe que faz parte da cidade quando encontra uma cafeteria que não é o Starbucks e eles sabem o que você quer antes que o peça.

Experimente seu novo eu

Você se lembra da viagem a Paris de que lhe falei? Cercada de mulheres e lojas espetaculares, acabei comprando algumas roupas que jamais usaria na minha cidade, mas pareciam maravilhosas nas ruas de Paris. A pior e melhor parte de se estar em uma nova cidade é que ninguém a conhece.

Você pode ser quem e o que quiser. Você precisa se livrar do que é velho (amizades disfuncionais, percepções erradas de si mesma, reputação de boa moça) e experimentar seu novo eu.

Onde os empregos estão

Você tende tanto a encontrar o emprego de seus sonhos quanto o homem de seus sonhos vivendo em uma cidadezinha no meio do nada com 93 habitantes. Se quiser um bom emprego, precisa ir para um bom lugar, onde possa fazer conexões importantes no momento em que sair de casa.

Nova York. Repleta de jovens profissionais e todos os tipos de pessoas, é o lugar para tudo relacionado com moda, finanças ou publicidade. Na cidade você encontra o monstro financeiro JPMorgan Chase e o conglomerado de mídia NewsCorp., sem falar na vida noturna incessante e nos restaurantes de classe internacional.

São Francisco. Onde a riqueza cultural se encontra com a alta tecnologia, é um berço de inovação e criatividade. No Vale do Silício você encontra um grande número de empresas de engenharia, capital de risco e tecnologia, inclusive o Google — sem falar em algumas das pessoas em melhor forma física nos Estados Unidos (leve seus sapatos de salto baixo — você andará por toda parte!).

Chicago. Talvez você precise ir ao Magnificent Miles para comprar luvas e cachecóis quando chegar lá. A Cidade dos Ventos fica à beira do lago Michigan e os ventos deixam regularmente a temperatura abaixo de zero no inverno — um preço pequeno a pagar pela chance de trabalhar para líderes de mercado como DDB Advertising, Allstate ou, ah, sim, Oprah. E se você gostar de cachorro-quente ou de esportes, estará dois passos à frente no jogo da conquista!

Los Angeles. Se você quiser algo que tenha a ver com cinema, televisão ou música, vá para Los Angeles e não olhe para trás. Twentyeth

Century Fox, Warner Bros. e Columbia Pictures são apenas alguns dos grandes líderes da indústria de entretenimento da Cidade dos Anjos. Mas se você quiser chegar a algum lugar na cidade terá de fazer sua parte — pare na Rodeo Drive para obter a bolsa e os óculos de sol da moda indispensáveis (uma plástica nos seios também não fará mal algum) antes de começar o "networking" em Chateau Marmont.

Washington, D.C. Se você quiser ter um currículo impressionante, a capital dos Estados Unidos poderá ajudar. Independentemente de se pretender se tornar assistente do Congresso em Capitol Hill ou pesquisadora em qualquer uma das universidades próximas, uma coisa é certa — não se decepcionará em D.C.! Com a grande quantidade de museus e locais históricos, você poderá descobrir tudo que não sabia sobre economia.

Boston. Essa cidade colonial é repleta de jovens pesquisadores, biotecnólogos e especialistas em cálculos que trabalham em empresas como EMC, Merck & Co. e Fidelity Investments. Você marcará pontos se for irlandesa e conseguir imitar o sotaque de Boston — e, enquanto estiver lá, obtenha um diploma em Harvard!

Seattle. Ponha seu pé na Starbucks antes que ela domine o mundo inteiro, ou vá trabalhar em qualquer uma de outras empresas sólidas, como Amazon, Adobe Systems ou Nordstrom. É claro que pode chover durante a maior parte do tempo, mas você estará ocupada demais tomando café com amigos ou examinando o impressionante cenário musical alternativo para notar.

Minneapolis. Embora possa não *parecer* excitante, Minneapolis na verdade é o lar de algumas das corporações mais renomadas da América, inclusive Target, Best Buy, IBM, Wells Fargo e ING Group. Se você quiser subir a escada corporativa, comece pelas Cidades Gêmeas: Minneapolis e St. Paul.

Capítulo 18

Vigie seu peso

Você pensava que um homem sexy era o segredo para manter seu traseiro em forma. E se eu lhe dissesse que vigiar seu peso significa sucesso profissional? Mais paixão, prestígio, poder, dinheiro — tudo isso pode ser seu. Então vale a pena sair do sofá.

Mais uma vez posso ser mandada para o inferno feminista, mas realmente acredito que seu peso e, ainda mais do que isso, seu nível de condicionamento físico, tem um impacto muito maior do que você imagina em sua carreira. Não só devido a como os outros a veem (na pior das hipóteses, como preguiçosa) e você se sente em relação a si mesma (na melhor das hipóteses, poderosa), como também devido à influência que isso tem em seu nível de desempenho. Testei repetidamente o poder de fazer a conexão entre um objetivo físico e profissional e descobri que aumentar sua frequência cardíaca é um modo rápido e fácil de aumentar seu nível de resistência, sua capacidade de correr riscos e sua disposição para fazer o que é difícil.

Corra para chegar lá

Cinco anos atrás a única coisa que eu temia mais do que escrever um livro era sair para a rua em shorts de corrida. Tudo isso mudou no dia em que vi minha amiga triatleta insana correndo mais quilômetros do que eu sequer pensaria em dirigir. Quando ela cruzou a linha de chegada com um claro nível de energia, inspiração e motivação, tudo em que pude pensar foi "preciso de um pouco disso".

No dia seguinte, precisando planejar um horário para dar vida ao meu livro imaginário, decidi correr até concluí-lo. Até hoje, acredito firmemente que correr foi o único modo de escrever meu primeiro livro. Eis os motivos.

Marque um tempo para isso

No primeiro dia, saí sem relógio. Corri até onde minhas pequenas pernas conseguiram me levar, voltei para casa e contei para todo mundo que havia corrido por vinte minutos. No dia seguinte, tentei de novo. Superando minha marca inicial, corri por 25 minutos. Na terceira vez, levei o relógio que meu namorado tinha me dado para comemorar meu recém-descoberto condicionamento físico, atingi minha marca e fiquei arrasada ao descobrir que só havia corrido por sete malditos minutos. Condicionamento físico tem tudo a ver com números — minutos, quilômetros, repetição. Quantificação de progresso, esforço e resultado. As pessoas tendem a subestimar tanto o tempo necessário para ser bem-sucedidas quanto o tempo que passam em busca de seus objetivos — ele pode parecer muito, mas não é. Traduza sua corrida de sete minutos em trinta minutos em sua nova proposta de negócio. Marque seu tempo. O sucesso não vem sem um esforço quantificável.

Droga escolhida

Sempre que uma tarefa profissional me assusta, realizo-a logo depois (não horas ou dias, mas minutos) de aumentar minha frequência cardíaca. Todos os dias, após minha corrida, sem trocar minhas roupas suadas e fedidas, sento-me ao computador e escrevo. As endorfinas ajudam tanto quanto a cocaína (ou assim o dizem) a fazer você acreditar que é a rainha do mundo e capaz de fazer qualquer coisa — use-as.

Fique zen

Não vou mentir para você. Achei minhas poucas primeiras corridas entediantes. Isso foi antes dos iPods, e embora eu estivesse na cidade espetacular de Vancouver, era quase impossível fazer meu cérebro descansar. *O que comerei quando terminar? Estou cansada; deveria telefonar para minha mãe* Mas quando de fato atingi a marca de trinta minutos, comecei a sentir algo maravilhoso: paz. Isso é diferente para todo mundo, mas há um ponto em que você entra em um estado meditativo que é sua fonte criativa. Comece um exercício com uma pergunta, um problema ou uma questão que não saiba ao certo como resolver e no final terá, se não a resposta, uma perspectiva infinitamente mais clara.

Sinta a dor

Lembro-me de ter visto uma entrevista com Lance Armstrong em que ele basicamente disse que seu câncer e tratamento o prepararam para ser um campeão. Que sua experiência e tolerância à dor eram simplesmente maiores do que as de seus concorrentes. Na América, a maioria das pessoas não só vive sem dor de verdade como também esperando que as coisas cheguem a elas rápida e facilmente. O esforço físico é um ótimo mestre e condutor para o sucesso. Todos nós temos limites imaginários, mas é uma experiência surpreendente de fato *senti-los*. Nunca pensei que construir um negócio, deixar um marido e amar minha avó idosa seria tão difícil ou doloroso, mas correr me ensinou que justamente quando você acha que não pode dar mais nenhum passo, você pode.

Os dez principais motivos pelos quais ir à academia é bom para sua carreira:

1. Alivia o estresse e não a faz ser despedida — ao contrário de dar um soco na cara de sua assistente na próxima vez em que ela lhe disser que não "faz" pedidos para o almoço.
2. Um corpo forte torna a mente forte.

3. Você ficará com mais energia — e até mesmo acordada nas reuniões monótonas de seu chefe com duração de três horas.
4. Você encontrará pessoas — seja um namorado ou um bilionário disposto em investir em sua próxima grande ideia.
5. Sua respiração de yoga virá a calhar sempre que sua companheira de cubículo começar a lhe falar sobre suas sessões de sexo tântrico — em detalhes.
6. Você quer fazer parte do time de softball da empresa. Viu o que aconteceu com o último frouxo que não conseguiu aguentar.
7. O bonitão do departamento de TI disse que conheceu a ex dele enquanto se exercitava.
8. Um terno preto só pode esconder muita gordura.
9. Você pega o CEO olhando para seus bíceps com admiração.
10. Se você não conseguir a promoção, sempre poderá derrubar sua rival em um beco escuro.

Combustíveis diferentes para pessoas diferentes

O melhor dos exercícios é que oferecem muitas opções. Independentemente de se você se exercita com sexo ou Stairmaster, isso tem a ver com acelerar seu ritmo cardíaco e experimentar sua capacidade física. Eis algumas opções e para o que são boas:

Corrida

Como correr é um puro exercício de energia, adoro ir para a rua quando estou irritada, estressada ou preciso me livrar de algum tipo de energia negativa. Você pode usar música para escapar de seus pensamentos (e da realidade), mas eu prefiro me concentrar em minha respiração (o que geralmente é difícil).

Bicicleta de spinning

É meu primeiro exercício de manhã, e nove em dez vezes começo a aula cansada e já planejando parar cedo. E então... a música, ficar atrás da garota com belas nádegas, a simples instrução e o ritmo dos pedais... tudo me leva àquele lugar de pura energia e solução de problemas. Suba em uma bicicleta quando tiver um problema para resolver ou algo para criar.

Golfe

O golfe é uma distração e um vício psicológico mais forte do que a maioria dos opiáceos. Dezoito buracos representam quatro horas de foco na tarefa ridiculamente insana de colocar uma pequena bola branca em um deles. E embora não tire centímetros de suas coxas, traz outros benefícios: não há nem de perto tantas mulheres quanto homens jogando "golfe com clientes". Se você for uma delas, obterá automaticamente certo respeito do clube do Bolinha. E se ficar bonita em uma saia de golfe (e tiver um balanço decente), terá uma enorme vantagem nos negócios. Além disso, mais avanços profissionais são feitos no décimo nono buraco (o bar no final de uma rodada) do que em qualquer outro lugar que eu conheça.

Tênis

O tênis é o canivete da Swiss Army dos esportes. Combina a agilidade do basquete, a coordenação do beisebol, a aeróbica da corrida e a estratégia do golfe. Pode ser social (duplas) ou solo. Se você gosta de desenvolver uma habilidade como desenvolve seu corpo, esse esporte polivalente é para você.

Natação

Depois de menstruar, aos 11 anos, e desenvolver seios que nem mesmo meu collant podia conter, meus sonhos de me tornar uma ginasta olímpica não se realizaram. Então, onde vai parar uma garota com seios, flexibilidade e uma capacidade incomum de prender a respiração? Na piscina local. A oportunidade de ir abaixo da superfície e fugir do mundo, o ritmo relaxante das braçadas e as pernas magras que resultam de se segurar na prancha tornam a natação um exercício que alivia a tensão na mente sem infligir nenhum estresse no corpo. Besunte seus cabelos com azeite de oliva, ponha uma touca e ficará com um ótimo condicionamento físico geral.

Pilates

Não só a ajuda a aprender a respirar (sim, há um modo correto), como fortalece seu centro cada vez mais, o que lhe dá um abdômen firme, postura melhor e uma aparência mais elegante e magra. Faz você se sentir forte por fora (e por dentro), o que é exatamente do que precisa quando está prestes a conquistar o mundo profissional.

Una forças

Soube que ele era certo para mim quando, assim como me esforçaria para recolher todas as coisas espalhadas pela casa antes de a faxineira chegar, me vi me esforçando entre nossas sessões para parecer o que ele chama de "fantástica". Sou totalmente a favor de você contratar um personal-trainer para entrar em forma, especialmente um que seja sexy e talentoso o suficiente para fazê-la (a) ficar mais do que disposta a completar outra série (você não quer que ele pense que desiste fácil) e (b) ficar em ótima forma (você certamente terá uma aparência melhor com os ombros para trás). Mesmo se você não puder ou quiser investir em um personal, eis alguns truques para se disciplinar.

Tenha uma rotina

Aquela minha amiga triatleta que mencionei coloca da seguinte forma: "Estou cansada quando acordo às seis e cansada quando acordo às sete." Isso é verdade. Quando é que você não está cansada na hora de sair da cama de manhã? O truque para tornar o exercício parte de sua vida é não pensar nele, mas, como diz tão acertadamente a Nike, *just do it* (apenas faça). Crie um horário e o siga. Sem desculpas. Mesmo se você não gostar de acordar cedo, tenderá mais a persistir se fizer seu exercício de manhã — não poderá culpar o chefe por prendê-la até tarde.

Planeje

Qual é uma das melhores partes de se exercitar? Poder comprar um guarda-roupa totalmente novo! Essa é uma ótima desculpa para ir às compras e há algumas peças lindas à venda apropriadas para o mundo real (só não use suas calças de yoga no escritório). Planeje as roupas de ginástica e yoga que usará de manhã para ter menos uma coisa em que pensar.

Variedade

A variedade é o tempero da vida e se você quiser continuar interessada precisará aumentá-la. Não só porque isso a manterá motivada e envolvida (uma grande parte do que a faz querer mais é o desafio de dominar um novo esporte), mas porque seu corpo é superinteligente e quando você faz o mesmo exercício repetidamente ele se torna cada vez mais eficiente. Isso que significa que você não queimará tantas calorias quanto queimaria ao experimentar algo novo.

Envolva-se

Isso não é difícil de entender. Se você pagou um personal trainer ou há uma amiga à sua espera na academia, há um incentivo a mais para sair pela porta. O ideal é que o exercício se torne um hábito em sua vida, mas enquanto isso não acontece crie um pouco de responsabilidade. Seja medo de desapontar uma amiga, um encontro interessante ou uma ótima promoção — use o que for preciso para se pôr em movimento.

Capítulo 19

Faça os outros elogiarem você

Você já viu o rosto de uma mãe quando lhe dizem que o filho dela tem talento? O de um homem cujo amigo lhe diz que a namorada dele é sexy? Expressa total e completa alegria. A verdadeira arte do jogo é criar uma rede de apoiadores que a elogiem para quem quiser ouvir. Até mesmo os empresários mais seguros gostam de ter suas decisões aprovadas, e eu lhe asseguro que não há nada melhor do que seu chefe ser parabenizado por encontrar uma estrela como você.

Arregimente as tropas

Você precisa ver todo esse conceito da perspectiva de que, embora as pessoas realmente gostem de ajudar os outros, na verdade elas são preguiçosas. Torne fácil para elas elogiá-la e você seguirá sorridente por todo o caminho até o sucesso profissional.

Defina a mensagem

A última coisa que você quer é sua tia Sally dizendo a todo mundo que há meses você está desempregada depois de não ter sido efetivada em seu último emprego temporário. Se você está no mercado, precisa armar suas tropas com a mensagem certa. Não deixe a tia Sally fazer (e entender) o que quiser. Diga-lhe que você é extremamente talentosa e está sendo sondada por algumas empresas líderes no mercado, e enquanto ainda não decide para qual trabalhar está aceitando outras ofertas. As pessoas não só acreditam como também *repetem* o que você lhes diz. Controle sua mensagem.

Ofereça um pacote

Ok, se a tia Sally simplesmente não for a mulher mais esperta do mundo, ofereça-lhe um pacote de material que fará todo o trabalho por ela. Seu currículo, portfólio, kit de mídia — deixe sua apresentação falar por si mesma.

Não faça os outros parecerem idiotas

O mais importante de tudo: se as pessoas puseram em jogo a própria reputação para recomendar você, é melhor que você seja boa. O segredo para garantir que vale a pena elogiá-la é ser a melhor possível no jogo e superar as expectativas de todos. Não os desaponte.

Seja bem informada

Ainda me lembro da pessoa que me falou sobre *DailyCandy* no mês em que foi criada. Suas recomendações são sempre oportunas e a indicação de uma newsletter sobre as últimas e melhores novidades não foi diferente. A lição aqui é dupla: (a) se possível, entregue sua mensagem nas mãos da mulher (ou do homem) popular, que as pessoas procuram para saber o que há de novo e (b) posicione-se como algo promissor. Todos querem acreditar que podem descobrir de tendências e que estão à frente dos acontecimentos — certifique-se de que *você* é o próximo hit.

Fique em cima deles

Mais uma vez, tudo se resume ao fator preguiça (ou então eles suspeitam de que você não é talentosa e não querem arriscar a própria reputação). Se prometeram espalhar a notícia e não cumpriram, você precisa encontrar o equilíbrio entre ser uma caçadora à espreita e ser irritante o suficiente para que a queiram longe. Telefone agora!

Deixe que eles sejam os cupidos

Se você ainda resiste a pedir ajuda, lembre-se do orgulho que sua avó sente de ter apresentado Bill a Mary em 1947. As pessoas realmente gostam de fazer o bem para os outros. Consideram isso um favor.

Retribua

Depois que eles lhe apresentarem a seu futuro empregador, falarem bem de você por toda a cidade ou se oferecerem para editar seu currículo, agradeça seus esforços. Um bilhete escrito à mão, flores, uma caixa de produtos da padaria favorita deles — tudo isso os fará sentir que o tempo que lhe dedicaram valeu a pena. E também lhes dará outro motivo para elogiá-la.

Pague pelo prazer

Quando tia Sally simplesmente não está dando conta do recado, pode ser hora de contratar pessoas influentes: o publicitário e o caçador de talentos. Um divulgará seu nome pela cidade e o outro a ajudará a encontrar o emprego de seus sonhos.

O publicitário

Passei por isso vezes o suficiente para saber das coisas, mas sempre que encontro um novo publicitário fico empolgada como se tivesse encontrado uma amizade há muito perdida. Ele "entende" do negócio, está disposto a trabalhar noite e dia para me colocar na *Oprah* e traçou meu perfil na *Vogue*. Tendo a esquecer que essas pessoas são especialistas em blefar e têm uma fé cega em si mesmas. Sou bastante experiente nisso para ajudá-la a escolher.

O que procurar

Em primeiro lugar, se você quiser contratar um publicitário individual ou toda uma empresa para divulgá-la, é essencial que tenha um relacionamento estabelecido com a mídia. E não qualquer mídia — a mídia certa. Se sua lista de desejos inclui *Business Week* ou *Bon Appétit*, saiba onde quer estar e se certifique de que eles já têm esses contatos-chave. O tempo que perdem procurando-os representa dinheiro seu escoando pelo ralo. E se expuserem sua marca para qualquer um, você também perderá sua credibilidade.

Em segundo, busque resultados comprovados. Você não os está pagando para aprenderem o jogo, mas para ajudá-la a se destacar — portanto, pesquise. Onde os clientes deles já foram apresentados? O que suas referências têm a dizer? Os contatos são importantes — este não é o momento para dar uma chance a um iniciante ambicioso.

Finalmente, encontre alguém com um nível de agressividade adequado para você e seu negócio. Seu representante terá um reflexo direto em você. Se ele dominou a arte de ser firme sem parecer desesperado, poderá ser um guardião.

Como encontrar o ajuste certo

Infelizmente, você só pode saber como será o serviço de relações públicas quando experimentá-lo. Mas há alguns passos que pode dar para evitar prejuízos. Um bom modo de começar é verificar a exposição de seus concorrentes. Descubra quem está em evidência e quem está trabalhando para eles.

Contudo, tenha em mente que o sucesso de outra pessoa não se traduz automaticamente no seu. Se uma empresa não acreditar totalmente em você e em sua missão, não estará no topo da lista dela. E se for apenas mais uma na lista, pode apostar que a empresa contratará todo mundo em *Today* antes de começar a procurar no jornal local para ver se há um espaço pra você.

Quando você obtém alguns lides, é hora de começar uma verificação do histórico. Entre em contato com alguns dos clientes atuais deles e faça as perguntas que a própria empresa evitará. Quanto tempo você terá de esperar até as pessoas começarem a telefonar sem parar querendo o que você tem? Se você será a segunda opção do seu RP, bem que poderia usar os insights valiosos da mulher que está em primeiro lugar.

Quando você tiver um possível relações públicas, faça-o despertar seu interesse. Ele tem de conquistar sua conta. Peça algumas amostras de campanhas, uma proposta, o que for preciso para garantir que fará o trabalho. Durante esse processo, conheça seu gerente de conta — a pessoa que será em grande parte responsável por um grande fracasso ou uma agradável surpresa. Saiba que muitas empresas põem estagiários em contas de perfil mais baixo, e você quer ser tratada como a esposa, não como amante.

Quando chegar a hora de falar sobre dinheiro, se possível evite pagar até ver algum trabalho. Muitas empresas cobram adiantado, o que frequentemente a leva a preencher cheques antes de ver resultados. Encontre uma que cobre por desempenho — ou inclua um período de teste no contrato. Também é importante se certificar de que os dois lados sabem claramente o que esperam do relacionamento. Essa é uma aventura de uma única vez? Você poderá ver outras empresas? Ele pode assumir o compromisso de um casamento de mídia de longo prazo? Saiba o que procura ou tenderá a acabar amarga, divorciada e sem seu dinheiro suado.

O que esperar

Quando seu relacionamento com a equipe de relações públicas se desenvolve, há alguns padrões que devem ser estabelecidos desde o início: confiabilidade, fidelidade e correção constante do rumo.

Espere que ele entre em contato regularmente. Você não deve ter dificuldade em lhe falar pelo telefone — afinal de contas, você é a principal prioridade dele. Se ele não estiver a par de seus negócios diários, como saberá atrás de quem correr? E se ele não lhe falar sobre os progressos que fez, como você saberá que está realizando seu trabalho? Outro motivo para estar em constante contato é ajustar o modo como trabalham juntos para você obter o máximo de resultados. Vejam o que funcionou e não funcionou e continuem a desenvolver novos planos de ataque.

Ele precisa não só ser acessível como também leal. É claro que você provavelmente não planeja atacar carros com um guarda-chuva ou dirigir com seu bebê no colo, mas não quer que seu publicitário a lhe deixe sozinha como fizeram com Britney se e quando sua empresa for criticada. No final das contas, ele deve estar disposto a ficar do seu lado.

Finalmente, vale a pena mencionar que embora ter paciência demais possa deixá-la quebrada e sujeita a abuso, certa dose de confiança e compreensão é necessária. Provavelmente seu publicitário não a tornará uma sensação da noite para o dia. Espere resultados baixos a curto prazo e altos a longo prazo. Dê à sua equipe espaço para trabalhar direito e tempo para sua marca crescer — valerá a pena esperar pelo resultado.

O caçador de talentos

Ele parece ser a resposta para suas preces: a pessoa que a tirará da droga de emprego em que está enterrada há cinco anos. Mas embora os caçadores de talentos prometam muito no primeiro encontro, nem sempre cumprem — ou retornam seus telefonemas. Como geralmente você não os paga do próprio bolso (serão pagos pela empresa que a contratar), pode ser inútil pedir-lhes atenção, principalmente porque já viram dez candidatas tão qualificadas quanto você antes de fazerem um intervalo para o café no meio da manhã.

O que procurar

O segredo para encontrar um renomado caça talentos é pedir indicações. Encontre amigos que tenham obtido algum sucesso e use seus recursos. Muitos do que usaram a mesma agência de recolocação profissional foram felizes para sempre?

Também é importante se certificar de que a agência tem experiência em seu setor. Assim como você nunca procuraria a JDate se fosse católica ou a eHarmony se tivesse menos de 40 anos, nunca encontrará o emprego dos seus sonhos se procurar no lugar errado. Os caçadores de talentos frequentemente lidam como uma demografia específica. Assegure-se de que respeitarão suas preferências, fornecerão muitas opções apropriadas e possuem uma ampla rede de empresas com as quais entrar em contato.

Como encontrar o ajuste certo

Em primeiro lugar, é importante saber a diferença entre as agências de recolocação profissional de "contingência" e "retenção". (Tenha em mente que *nenhuma* trabalha para você — elas trabalham para o empregador). As de contingência só serão pagas se encontrarem alguém adequado para a empresa. Normalmente trabalham com profissionais de nível baixo a médio. E como cobram uma taxa fixa por colocação, em geral lidam com várias empresas (e outros clientes) ao mesmo tempo. Por outro lado, as de retenção são contratadas em uma base exclusiva para encontrar "a pessoa certa" e geralmente cobram uma taxa única de cerca de um terço do salário dos candidatos empregados. Terão um número limitado de oportunidades a lhe oferecer, mas quando oferecerem tenderão a ser cargos com salário mais alto em empresas maiores e/ou de mais prestígio. De qualquer forma, você nunca deveria concordar em pagar a uma agência pela promessa de um emprego.

Quando você encontrar uma opção com um bom custo-benefício, pergunte que tipos de processos eles usam para identificar os candidatos. Personalidade e habilidades serão considerados? Você não trocará um relacionamento sem perspectiva de progresso por outro?

Mais uma vez, a verificação do histórico é necessária. Fale com antigos clientes da agência para descobrir como tirar o máximo proveito dela. Se você estiver sempre em evidência, ela trabalhará mais para você? Ela gosta de ser bajulada? Aceita suborno? (Estou brincando, mas não totalmente. Ouvi falar em algumas tentativas desesperadas de aparecer na *Oprah*.) Ah, e descubra quem está recrutando. Um recrutador experiente lhe fará as perguntas certas e obterá um quadro geral do que você procura, enquanto um novo contratador sem um fichário com dados cadastrados pode se basear em uma compatibilidade irreal.

Para se certificar de que seu novo caça talentos não será uma perda de tempo e dinheiro, forneça uma lista de empresas que gostaria que procurasse, e seja o mais detalhista possível em suas exigências profissionais.

Quanto melhor ele conhecer seu tipo, mais compatíveis as combinações tenderão a ser.

O que esperar

A agência de recolocação a preparará para o primeiro encontro. Ela a informará sobre quem você encontrará e o papel que essa pessoa tem. Também deve acompanhar o resultado do encontro. (O quanto ele pareceu interessado? Ele a levou para conhecer o local? A apresentou aos seus amigos?) Mas a agência não fará todo o trabalho, por isso não se acomode. Quando lhe acenarem com possibilidades, esteja pronta para fazer as perguntas certas. (Por que ele está sozinho? Com quem ele anda?) Finalmente, saiba que o verdadeiro amor não acontece da noite para o dia. A busca cuidadosa por um emprego pode demorar meses. Seja paciente e espere pelo certo.

Capítulo 20

Esteja disposta a ir embora

Ao adiar a escrita deste último capítulo, sei com absoluta certeza que tenho dificuldade para me despedir das coisas. Na verdade, foi meu adorado irmão quem me disse isso. Depois de lutar por quase um ano para fazer o relacionamento errado dar certo (em uma combinação doentia de "Investi tempo demais" e "E se não houver nada melhor lá fora?"), Shane me disse que eu telefonaria para ele dali a um ano exatamente na mesma posição (fetal na cama) se realmente o rompesse.

Naquela noite, em um táxi voltando para casa de uma visita a uma amiga, olhei para meu namorado e decidi que bastava (ajudou o fato de ele estar um pouco bêbado, o que nunca é atraente).

Às vezes, por mais que tentemos, não estamos destinadas a ficar *com* ou trabalhar *para* um homem (me veja transformando isto em um capítulo sobre empresariado). Às vezes estamos destinadas a nos separar.

Você tem o espírito?

Seguir ou não por conta própria? Essa é a questão. Na verdade, a questão é: os empresários nascem prontos ou são criados? Essa pergunta é feita há anos e não há respostas definitivas. Cresci com um pai empresário, por isso não estou totalmente certa de que nasci assim ou se esse espírito foi fomentado por ele, mas acho que há mais de inato nisso do que de criado. Se você não nasceu com o espírito (ou pode aprender a tê-lo) do qual falo a seguir, está procurando encrenca.

As regras são feitas para os outros. Participei de uma conferência do setor televisivo e antes de todos entrarem na sala ouvi um homem comentar como era difícil vender um programa de TV: "As chances são de uma em um milhão." Após contar minha história de venda de 13 episódios de um programa em minha primeira tentativa, o homem me perguntou como aquilo aconteceu. Eu não o disse em voz alta, mas pensei: "porque não sou você" ou as 999.999 outras pessoas que vendem seus programas.

Isso soa como uma egotrip (e talvez seja), mas para ser uma empresária precisa acreditar que as chances, estatísticas e regras não se aplicam a você. Nove em dez empresas novas fecham nos cinco primeiros anos. Você se dará mal dentro dessa realidade se não acreditar que desafiará as circunstâncias. O conceito de que as regras são feitas para os outros também é essencial quando se procura novos modos de fazer coisas. A palavra é "inovação" e algumas das melhores empresas foram construídas virando do avesso uma ideia ou regra testada e comprovada. As regras não são para você.

Coragem. Deixar o conforto e calor do casulo do "homem" não é para as covardes. Como penso e escrevo aqui, não é que como empresária você não sinta medo. Sente. Mas não só se torna imune a ele como aprende a usá-lo a seu favor. Se sua ideia de correr risco for pedir carne de porco em vez de frango, terá um duro aprendizado Arriscar seu nome, dinheiro e reputação é um negócio dos grandes, bom e estimulante. Você ficará com medo e a pergunta que precisará fazer a si mesma é: posso lidar com isso? Conheci muitos empresários falidos e na maioria das vezes eles ficam paralisados e não conseguem pensar direito diante do medo.

Uma recusa a perder. Não estou dizendo isso apenas em prol do desafio, e não é como se eu não me questionasse, ameaçasse ir embora ou quisesse desistir, mas no final das contas sei que não me permitirei perder. E, para mim, perder parece desistir. Há um certo tipo de teimosia que acompanha o espírito empresarial. Visto de fora parece loucura você não desistir no ponto em que qualquer outra pessoa sensata e racional o faria. Como empresária você precisa aceitar falhar (cometerá erros), mas não pode se permitir perder, o que é muito diferente. Um de meus livros de negócios favoritos é *Many Miles to Go*, de Brian Tracy. Sua mensagem é de perseverança e dedicação e eu o uso como um lembrete constante de que quanto maior for sua visão mais demorará para concretizá-la.

Os sinais de que está na hora

Ok, então você tem o espírito e acha que está pronta para dar o salto. Meu divórcio coincidiu com minha decisão de me comprometer com meu negócio e os sinais são surpreendentemente parecidos.

Você está dando mais do que recebe. Você sabe que está pronta para ir embora quando recebe muito menos do que está dando e o ressentimento se tornou seu aliado. Você não consegue acreditar que algum dia isso mudará. Sou totalmente a favor de que você se dedique muito à sua carreira, mas se chegar a um ponto em que ela não consegue lhe dar a retribuição de que precisa, está na hora de partir. Há muitas coisas que podemos obter de nossas carreiras em troca de nossos esforços, mas me refiro a dinheiro aqui. Existe um ponto muito real em um relacionamento empregado-empregador, particularmente em empresas públicas e setores subsidiados pelo governo, em que você alcança o topo e não podem lhe pagar mais.

Há várias fórmulas lá fora, dependendo do setor e de sua posição, mas uma empresa espera que seus esforços lhe rendam pelo menos três vezes (em média) o que lhe pagam. Se você, com seus ótimos contatos, suas realizações e sua reputação está fazendo a empresa ganhar muito (cinco, dez, 15 vezes o que lhe paga) e ela não quer (ou não pode) distribuir os lucros, você pode pensar em ir embora. É claro que terá de pagar suas próprias despesas gerais e seu seguro-saúde, mas faça as contas — talvez fique numa situação melhor.

Você não consegue pensar em mais nada. Pessoalmente, soube que estava na hora quando minha empresa deixou de ser uma ideia passageira e se transformou em uma obsessão que não me deixava pensar em mais nada. Quando você está nesse ponto sem volta, sua visão, ideia e paixão pelo novo negócio a ocupam totalmente — você está presente e à disposição, cumprindo horas, mas seu coração não está nisso. E se não for embora agora, passará o resto de sua vida lamentando o fato de ter se acomodado.

Há diferenças irreconciliáveis. Algumas garotas não nasceram para ficar amarradas. Detestam precisar consultar outra pessoa antes de tomarem uma decisão, não querem que lhes digam aonde ir ou o que vestir e se sentem bem assumindo total responsabilidade por seus sucessos e fracassos. Se você simplesmente não é do tipo que algum dia ficará satisfeita lidando com colegas incompetentes, a política do escritório e um destino profissional que, em última análise, está nas mãos de outra pessoa, é hora de pensar na opção de empreendedorismo.

Truque do negócio: cortando o cordão umbilical

Antes de você ficar toda animada e chamar seu chefe, certifique-se de que não está pensando:

- **Estou sempre certa**

O maior erro que tenho visto nos empresários. Você acha que agora que dirige seu próprio show tudo tem de ser como quer. Longe disso. Agora que realmente tem mais pessoas trabalhando para você — seu investidor/banqueiro, seus vendedores, seus freelancers — oficialmente você nunca esteve mais errada.

- **Começarei a ganhar dinheiro no primeiro dia**

  Isso é improvável, e, mesmo que ganhe, tudo será reinvestido no negócio. Seus cartões e sua linha de crédito, e seus amigos e familiares — todos estarão enfileirados prontos para lhe cobrar.

- **Chega de idiotas**

  Quem dera! Você entrou oficialmente no meio dos idiotas. Agora não tem um chefe aborrecendo-a, mas clientes (e esperemos que sejam muitos).

O que esperar

Não estou brincando (ou exagerando aqui). Estar sozinha e ser uma empresária têm muito em comum. Eis o que você pode esperar... para o bem ou mal:

Pagar o aluguel sozinha

Se o dinheiro não for um problema, meses antes de sua partida faça um pequeno pé-de-meia. Ninguém preencherá um cheque para cobrir metade de nenhuma dívida sua por no mínimo alguns meses, por isso se prepare para pagar o aluguel (e suporte tecnológico, fornecedores de papel, FedEx e contas de telefone).

O tempo está do seu lado

Quando você é dona do próprio horário, não importa quando faz o trabalho — você usa seu tempo como quer. Por isso, se seu pico de produtividade é às seis horas da manhã, não precisa esperar que os outros saiam da cama para começar seu dia. Só não deixe de ficar disponível no horário comercial para aqueles clientes que realmente trabalham das nove às cinco... Exploradores!

Trabalho sujo

Tudo que você pedia para seu assistente (ou o pessoal da limpeza) fazer é oficialmente seu domínio. Agora que é responsável por tudo, você precisa estar preparada para o grau em que tarefas simples consumirão seu tempo: como quando a fotocopiadora ficar a oito quarteirões de distância.

Você trabalha com quem quer — não para quem tem de trabalhar

Em vez de lhe dizerem que você fará parte da equipe do homem que leva todo o crédito e não para de falar em si mesmo, você decide com quem lidará — ou se uma equipe de três pessoas (você, você e, sim, você) é perfeita para esse projeto particular.

Noites solitárias

Nada de ir para casa (ou sair de casa) para se queixar com alguém de que teve um dia ruim. Reacostume se a contar as coisas para um diário e se acostume com sua própria companhia.

Você é a chefe

Quantas vezes você assistiu a reuniões desnecessárias, se comprometeu com projetos pelos quais não poderia estar menos interessada e desistiu do trabalho de que mais gostava para fazer o trabalho da equipe? Agora você é quem decide o que aceitar, como usar melhor seus pontos fortes, suas prioridades e quando delegar. Tem o controle remoto que sempre quis, e mais.

Seu telefonema

Sair de casa exigirá uma recém-descoberta disciplina. Sem um tempo ou lugar para ir, precisará tomar a iniciativa, dar o telefonema e marcar algumas reuniões. Sua renda e sua sanidade dependerão disso. Ninguém vai ficar sabendo que você não saiu da cama esta semana.

Reúna as garotas

Agora você está em um voo solo e precisa encontrar outras amigas sozinhas. O segredo para isso é se cercar de pessoas no mesmo barco. Crie seu próprio grupo de colaboradores — pessoas para trocar ideias, se queixar e reforçar a responsabilidade. Mas faça escolhas sábias.

Tudo se resume a você

Estar sozinha é ao mesmo tempo assustador e estimulante. Somente quando você toma a iniciativa de ir embora é que tem a sensação muito libertadora de que de fato pode seguir sozinha. Acrescente a isso a excitação de adquirir uma visão do que é possível na vida, a noção de que nunca deve se acomodar e o conhecimento de que ninguém pode impedi-la de construir a carreira certa para você.

Por que você precisa estar disposta a ir embora

O principal nem sempre é se você realmente vai ou não embora. O poder dessa regra está na *disposição*. E a magia da disposição ocorre quando isso sai da sua cabeça e vai para o seu coração. Eu estava divorciada há quase três anos quando realmente me tornei *disposta* a deixar meu marido. Estava desenvolvendo meu negócio há quase a mesma quantidade de tempo quando realmente me tornei *disposta* a partilhá-lo com um parceiro comercial para que fosse bem-sucedido. O momento em que você está *disposta* a se afastar do que é errado (homem, emprego, setor) é exatamente quando você tem a coisa CERTA.

Conclusão

Talvez você seja jovem demais para lembrar, e muito antes que eu percebesse o quanto essa notícia é assustadora, a autora feminista Susan Faludi escreveu um livro chamado *Backlash*, que inspirou um artigo na *Newsweek* segundo o qual é mais provável uma mulher ser morta por um terrorista do que encontrar um marido depois dos quarenta anos.

Como estou perto dos 39, com muitos pretendentes e sem nenhum agressor à vista, não posso evitar fazer a conexão entre a histeria da mulher solteira e o pânico de que o céu desabe no mundo trabalho ou pensar que isso seja uma grande bobagem. Vendo as notícias e lendo as manchetes, aparentemente é mais fácil encontrar um homem em Nova York do que um emprego na área de financas. Não posso acreditar. Mas, como você já sabe neste ponto do livro, não importa se você está procurando um homem ou emprego, a lição ainda é mesma: NÃO ACREDITE EM PROPAGANDA EXAGERADA. Há algumas coisas que precisa considerar antes de começar a namorar David Spade ou enviar seu currículo para o Burger King.

Uma das coisas mais interessantes que acontecem diante da má notícia? Todas as pessoas negativas a usam como desculpa para desistir sem ao menos tentar. Do mesmo modo como a afirmação da *Newsweek* deu a mulheres em todo o país licença para devorar diariamente uma lata de sorvete Ben and Jerry's (sem homens por perto para analisar suas bundas), elas simplesmente desistiram. Não estou bancando a Poliana aqui. As estatísticas de desemprego são reais: as pessoas estão sem trabalho.

E certamente está demorando mais para arrumar um bico do que quando há empregos sobrando, mas se você não temer um pouco de trabalho duro e for perseverante sobreviverá... Contudo, precisará sair do sofá. A maior parte de seus concorrentes estão abraçados a uma garrafa de Chardonnay e agora é hora de ir à luta. As chances nunca foram melhores.

E falando em chances, você pensa em si mesma como uma sortuda ou azarada? No final das contas, você cria sua própria sorte *decidindo* se merece o homem, o emprego, o aumento e a promoção. Enquanto escrevo esta conclusão, há 13,2 milhões de pessoas desempregadas, segundo as estatísticas. Mas espere. Isso também significa que há 137,7 milhões de pessoas empregadas. De que lado você quer ficar — dos sortudos ou azarados? Ah, e saiba que a *Newsweek* estava errada. A maioria das mulheres mencionadas no artigo acabaram encontrando parceiros sem ter seus carros explodidos. Não seria horrível olhar para trás e perceber que você não se candidatou ao emprego (ou procurou o homem) dos seus sonhos porque foi levada a acreditar que não podia?

Não podia, não deveria, não pode — tire essas palavras do seu vocabulário. Na verdade, sempre que ler uma estatística ou ouvir alguém dizer que você não pode, quero que isso a inspire a descobrir exatamente o contrário. Você não é uma estatística. Não é uma das massas. É uma mulher no controle.

Este livro foi composto na tipologia Minion Pro,
em corpo 10,5/14,6 e impresso em papel off-white,
no Sistema Cameron da Divisão Gráfica
para a Distribuidora Record